JN057110

介護職員初任者研修テキスト

# 第2分冊
# 制度の理解

第4章　介護・福祉サービスの理解と医療との連携

第5章　介護におけるコミュニケーション技術

公益財団法人 介護労働安定センター

# このテキストで学習する方のために

## 1. はじめに

　わが国は、世界のどこの国も経験したことのない高齢社会に向かっています。このような社会的背景から介護サービスを必要とする人の増加が見込まれ、また介護サービスへのニーズも認知症ケア、医療的ケア、介護予防の推進など多様化・専門化してきています。このため、介護に関する高度な専門性を有する人材育成が急務となっています。

　本テキストは、２０１３年度からスタートした初任者研修のために編集したもので、指導要領に即した構成となっております。介護の専門家を目指す皆様が、初任者研修で介護の基本的な知識を学び、将来は、より高度な知識・技術を習得し、質の高い介護サービスを提供できる専門家として福祉の担い手となられることを願ってやみません。

公益財団法人　介護労働安定センター

## 2. 作成の基本理念

(1)　在宅、施設の双方に共有できるような知識や介護技術を学べる内容としました。

(2)　介護分野に携わる人が初めて学ぶテキストとして、わかりやすく理解しやすくなるように、イラスト・図表・写真を配置しました。

(3)　「事例から考える」という観点で展開例を取り入れ、介護技術を実践的に学べるような内容としました。

(4)　学んだことを自己学習を通して整理できるように、各章の末尾に○×解答形式の「理解度確認テスト」を設けました。（「第１章」「第１０章」には設けておりません。）

(5)　継続的に学習する上で重要な事項を整理できるように、単元の末尾に「今後の学習のためのキーワード」を設けました。

(6)　厚生労働省の「介護員養成研修の取扱細則(介護職員初任者研修関係)」に則した内容・構成としました。（平成２４年３月２８日 厚生労働省老健局振興課通知）

(7)　「障害」を表現する用語として、「障がい・障碍」を用いる場合がありますが、本書では、法令との整合性を図る観点から「障害」を用語として用いることとしました。

## 3. その他

　今後、介護保険法の改正等の内容を含む補てん・追記があれば、（公財）介護労働安定センター　ホームページ（http://www.kaigo-center.or.jp）に随時掲載いたします。

## 4. 介護職員初任者研修テキスト編集委員会委員（５０音順）

　　委員・・・・是枝祥子（大妻女子大学名誉教授）

　　委員・・・・鈴木眞理子（社会福祉法人奉優会理事）

　　委員・・・・髙橋龍太郎（元東京都健康長寿医療センター研究所副所長）

　　事務局・・・（公財）介護労働安定センター　能力開発課

# 第4章
# 介護・福祉サービスの理解と医療との連携

# 1　介護保険制度創設の背景と目的・動向

わが国の高齢化の状況を認識して、介護の社会化が必要とされる背景を確認します。また、その社会的ニーズに対応するために創設された公的介護保険制度の意義と近年の動向も学習しましょう。
ここでは、
① 社会的背景
② 介護保険法の成立
③ 介護保険制度の導入後の動向
について理解してください。

## Ⅰ　社会的背景

### 1　要介護高齢者の介護ニーズの高まり

#### (1)　高齢化の進展

　日本の高齢化率（65歳以上人口の占める割合）は、1990（平成2）年の12.1%から2015（平成27）年には26.6%へと倍増し、2022（令和4）年には29.0%で主要国の最高位にあります。若年者人口が減少しているため、高齢化率は今後も上昇し、2070（令和52）年には高齢化率が38.7%に達すると予測されています。

#### (2)　高齢者のみ世帯の増加

　日本は、先進諸国と比べて子どもと同居する高齢者の割合が高い国です。しかし、それでも同居率は3割程度まで低下しており、また、子どもとの同居率はさらに減少すると考えられ、高齢者介護を家族に期待することは、ますます困難になります。

### 2　これまでの高齢者保健福祉制度

　要介護高齢者への支援は、1960年代に特別養護老人ホームの設置やホームヘルパーの派遣を制定した老人福祉法に始まり、経済成長の後押しもあり1970年代には老人医療費の無料化も実施されました。しかし、これらは医学的観点からは入院の必要性が薄い「社会的入院」の問題や財政危機へとつながり、老人保健法（現・高齢者医療確保法）の制定により、病院以外の受け皿で対応することが求められました。その後、在宅福祉や施設整備の緊急対策として1980年代から90年代にかけてゴールドプラン、新ゴールドプランが施行され、要介護高齢者のための基盤整備が大規模に進められました（図表1—1）。

| 年　代 | 高齢化率 | 主な政策 |
|---|---|---|
| **図表1－1　高齢者保健福祉政策の流れ** | | |
| 1960年代<br>**高齢者福祉政策の始まり** | 5.7%<br>(1960) | 1963年　老人福祉法制定<br>◇特別養護老人ホーム創設<br>◇老人家庭奉仕員（ホームヘルパー）法制化 |
| 1970年代<br>**老人医療費の増大** | 7.1%<br>(1970) | 1973年　老人医療費無料化 |
| 1980年代<br>**社会的入院や寝たきり老人の社会的問題化** | 9.1%<br>(1980) | 1982年　老人保健法の制定<br>◇老人医療費の一定額負担の導入等<br>1989年　ゴールドプラン（高齢者保健福祉推進十か年戦略）の策定<br>◇施設緊急整備と在宅福祉の推進 |
| 1990年代<br>**ゴールドプランの推進** | 12.0%<br>(1990) | 1994年　新ゴールドプラン（新・高齢者保健福祉推進十か年戦略）策定<br>◇在宅介護の充実 |
| **介護保険制度の導入準備** | 14.5%<br>(1995) | 1996年　連立与党3党政策合意<br>　　　　介護保険制度創設に関する「与党合意事項」<br>1997年　介護保険法成立 |
| 2000年代<br>**介護保険制度の実施** | 17.3%<br>(2000) | 2000年　介護保険法施行<br>　　　　介護保険制度の改正（原則3年ごと） |

出所：厚生労働省「介護保険制度の概要」(https://www.mhlw.go.jp)　一部改変

## Ⅱ　介護保険法の成立

### 1　目　的

　要介護高齢者の増加と家族規模の縮小が進むなか、高齢者の介護を家族内問題から脱却させ、社会全体で支える「介護の社会化」が必要とされました。そのための仕組みとして、社会保険制度による介護サービスの提供が検討され、2000（平成12）年に介護保険制度が施行されました。介護保険制度における基本的な理念を説明します。

(1)　自立支援：単に介護を要する高齢者の身の回りの世話をするということを超えて、高齢者の自立を支援することを目指す
(2)　利用者本位：行政によってサービス内容が決定されるのではなく、民間企業・農協・生協・NPOなど多様な主体から利用者自身がサービスを選択できる権利を尊重する
(3)　総合的サービス：介護サービスの利用計画（ケアプラン）に基づいて、保健医療・福祉のサービスを総合的に受けられるよう支援する
(4)　社会保険方式：給付と負担の関係が明確な社会保険方式を採用する

出所：厚生労働省「公的介護保険制度の現状と今後の役割」　一部改変

## 2　制度の特徴 ―介護保険導入前の制度との違い―

介護保険制度と介護保険導入前の制度との違いは、図表1―2のように整理されます。

### 図表1―2　介護保険導入前の制度との対比

| 内　容 | 介護保険導入前の制度 | 介護保険制度 |
|---|---|---|
| ①サービスの選択 | 行政の窓口に申請して、市町村がサービスを決定 | 利用者自らがサービスの種類や事業者を選択して利用 |
| ②サービスの入手方法 | 利用者が判断して、医療や福祉の窓口に別々に申し込む | ケアマネジメントの導入により、総合的にサービスを利用 |
| ③サービス提供主体 | 市町村や公的団体（社会福祉協議会など）が中心 | 民間企業・農協・生協・NPOなど多様な事業者が提供 |
| ④費用の利用者負担 | 低所得者には負担が少なく、中高所得者に重い負担<br>（応能負担：利用者の所得に応じた負担） | 利用者の所得に関わらず、自己負担は定率で、原則1割<br>（応益負担：サービスの量に見合った一定の負担） |

## Ⅲ　介護保険制度の導入後の動向

### 1　制度の定着状況

介護保険制度の導入後、サービスの受給者数は増加し、制度は順調に定着しています。特に、居宅サービスでの充実が顕著となっています（図表1―3）。

### 図表1―3　介護保険制度の定着状況

| 項　目 | 2000（平成12）年4月 | 2020（令和2）年4月（※3） | |
|---|---|---|---|
| 65歳以上の被保険者 | 2,165万人 | 3,558万人 | 1.6倍 |
| 要介護（要支援）認定者 | 218万人 | 669万人 | 3.1倍 |
| サービス受給者 | 149万人 | 494万人 | 3.3倍 |
| （居宅サービス） | (97万人) | (384万人) | 4.0倍 |
| （施設サービス） | (52万人) | (95万人) | 1.8倍 |
| （地域密着型サービス） | ― | (84万人) | ― |
| （※1）介護保険総費用（年度） | 3.6兆円 | 11.0兆円（※2） | 3.1倍 |
| 第1号被保険者の保険料の平均（各期） | 2,911円 | 5,869円（※4） | 2.0倍 |

出所：厚生労働省「介護保険制度の概要」(https://www.mhlw.go.jp) などから作成
　　　（※1）介護保険に係る事務コストや人件費などは含まない（地方交付税により措置されている）。
　　　（※2）2018年実績
　　　（※3）介護保険事業状況報告の概要（平成29年4月暫定版）より作成
　　　（※4）平成30～令和2年度の平均値

第4章—1　1　介護保険制度創設の背景と目的・動向

## 2　2005（平成17）年の制度の見直し

　介護保険制度は、3年を1期として制度の見直しを行っています。導入から5年を迎えた2005（平成17）年10月および2006（平成18）年4月には図表1—4の改正を実施しました。

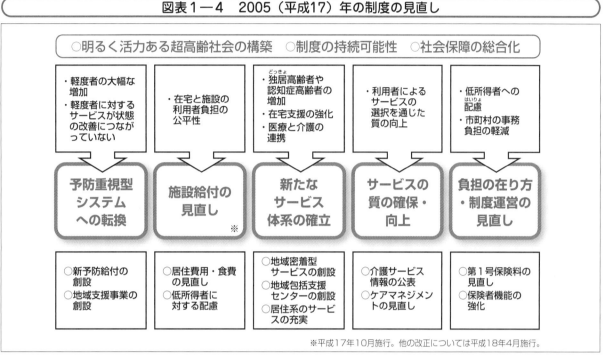

図表1—4　2005（平成17）年の制度の見直し

○明るく活力ある超高齢社会の構築　○制度の持続可能性　○社会保障の総合化

| ・軽度者の大幅な増加<br>・軽度者に対するサービスが状態の改善につながっていない | ・在宅と施設の利用者負担の公平性 | ・独居高齢者や認知症高齢者の増加<br>・在宅支援の強化<br>・医療と介護の連携 | ・利用者によるサービスの選択を通じた質の向上 | ・低所得者への配慮<br>・市町村の事務負担の軽減 |
|---|---|---|---|---|
| 予防重視型システムへの転換 | 施設給付の見直し　※ | 新たなサービス体系の確立 | サービスの質の確保・向上 | 負担の在り方・制度運営の見直し |
| ○新予防給付の創設<br>○地域支援事業の創設 | ○居住費用・食費の見直し<br>○低所得者に対する配慮 | ○地域密着型サービスの創設<br>○地域包括支援センターの創設<br>○居住系のサービスの充実 | ○介護サービス情報の公表<br>○ケアマネジメントの見直し | ○第1号保険料の見直し<br>○保険者機能の強化 |

※平成17年10月施行。他の改正については平成18年4月施行。

出所：厚生労働省「介護保険制度の概要」（https://www.mhlw.go.jp）一部改変

### (1) 施設給付の見直し

　施設サービスと居宅サービスの利用者負担の公平性に配慮するため、介護保険の1割負担とは別に施設利用者に「居住費」と「食費」の自己負担を求める改正を実施した。ただし、低所得者については、その施設利用が困難とならないよう、所得に応じた負担限度額を設け、その差額を保険給付で補う仕組み（＝補足給付）も導入した。

### (2) 予防重視型システムへの転換

　要介護認定者の過半数は、「要支援」・「要介護1」の比較的軽度な層が占めており、その多くは転倒・骨折、関節疾患等が原因となっていた。そのため、痛みや転倒への心配から日常の活動が消極的になり、全身機能が衰える「廃用症候群（生活不活発病）」を防止するための「介護予防」を重視するシステムに転換された（図表1—5）。

　具体的には、軽度者（要支援、要介護1のうちの半数程度）を要支援1と要支援2に再編し、サービス内容を運動器や口腔等の機能向上を目指した介護予防に見直した（予防給付の創設）。さらに、介護保険財源を利用して新たに「地域支援事業」を創設し、市町村が主体となって介護予防を推進することとした。さらに、これら予防施策の推進と虐待防止やボランティア活動のネットワークづくりなどの拠点として、市町村が運営する「地域包括支援センター」の設置も進められた。

　※地域支援事業・地域包括支援センターの詳細については第4章—1「2　介護保険制度の仕組みと基礎的理解」を参照。

### (3) 地域密着型サービスの創設

　それまでの「施設」・「居宅」というサービス類型とは別に、住み慣れた地域での生活を支えるため、身近な市町村で提供されることが適当なサービス類型として「地域密着型」サービスを創設した。

　このサービスには、認知症対応型共同生活介護（グループホーム）といった従来サービスのほか、

新たに「通い」を中心として、随時「訪問」や「泊まり」を組み合わせてサービスを提供する小規模多機能型居宅介護なども位置づけられた。これらのサービスは、原則としてその市町村の住民（被保険者）が利用でき、その整備数や事業者の指定、指導・監督についても都道府県ではなく市町村が行う。

図表1―5　予防重視型システムの全体像

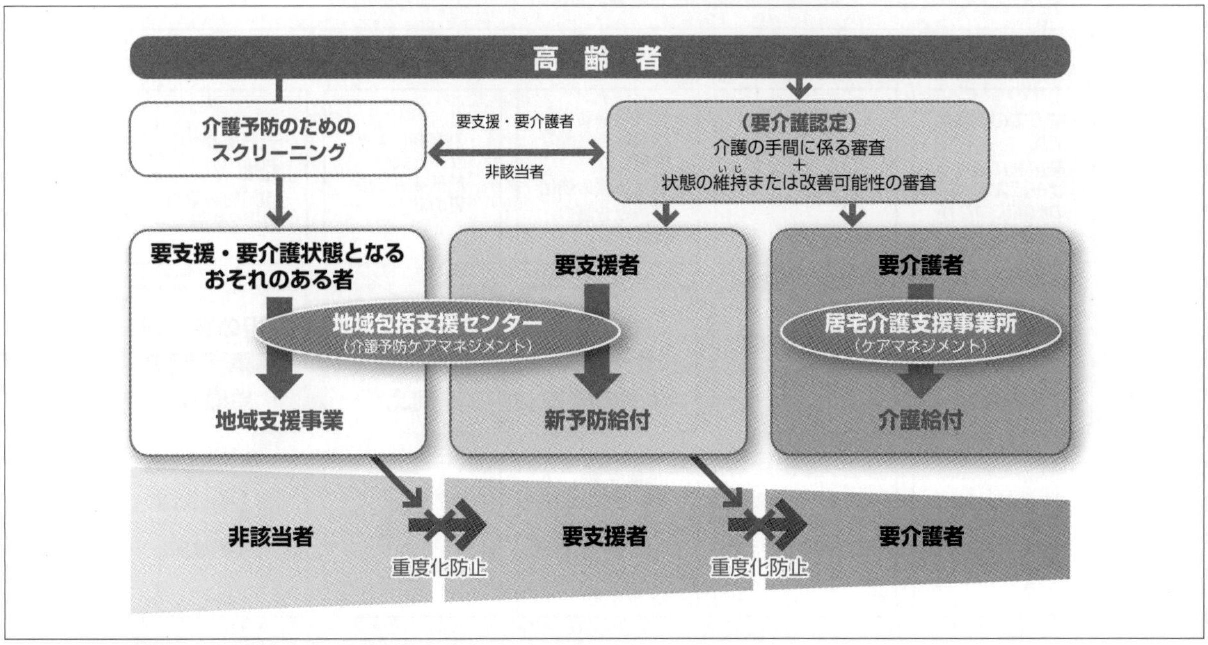

出所：厚生労働省「介護保険制度の概要」（https://www.mhlw.go.jp）一部改変

## 3　2008（平成20）年の制度の見直し

　介護サービス事業者の適切な事業運営を推進するため、業務管理体制の整備や休止・廃止時の利用者へのサービス確保を義務づけた「介護保険法及び老人福祉法の一部を改正する法律」が2009（平成21）年5月より施行されました。また、同時期の介護報酬改定では、介護職の人材確保・処遇改善のための緊急特別対策として、プラス3％の改定が行われました。
　なお、介護職員の処遇改善については、介護保険制度とは別の財源（国費）による「介護職員処遇改善交付金」も創設され、介護職員（常勤換算）1人当たり月1.5万円に相当する額が事業者を通じて交付されました。

## 4　2011（平成23）年の制度の見直し

　高齢者が地域で自立した生活を営めるよう、「地域包括ケアシステム」（図表1―6）の実現を目指した「介護サービスの基盤強化のための介護保険法等の一部を改正する法律」が2012（平成24）年4月より施行されました。
　地域包括ケアシステムとは、ニーズに応じた住宅が提供されることを基本としたうえで、生活上の安全・安心・健康を確保するために、医療や介護、予防のみならず、福祉サービスを含めたさまざまな生活支援サービスが、日常生活の場で適切に提供できるような地域での体制のことです。

図表1－6　地域包括ケアシステム

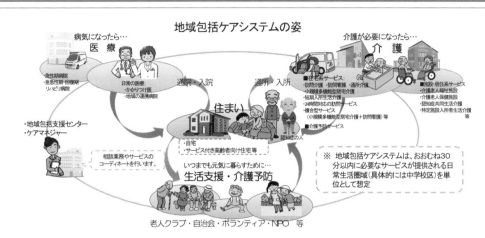

【地域包括ケアの５つの視点による取組み】

地域包括ケアを実現するためには、次の５つの視点での取組みが包括的（利用者のニーズに応じた①～⑤の適切な組み合わせによるサービス提供）、継続的（入院、退院、在宅復帰を通じて切れ目ないサービス提供）に行われることが必須

①医療との連携強化

・24時間対応の在宅医療、訪問看護やリハビリテーションの充実強化

②介護サービスの充実強化

・特養などの介護拠点の緊急整備（平成21年度補正予算：３年間で16万人分確保）

・24時間対応の在宅サービスの強化

③予防の推進

・できる限り要介護状態とならないための予防の取組みや自立支援型の介護の推進

④見守り、配食、買い物など、多様な生活支援サービスの確保や権利擁護など

・一人暮らし、高齢夫婦のみ世帯の増加、認知症の増加を踏まえ、様々な生活支援（見守り、配食などの生活支援や財産管理などの権利擁護サービス）サービスを推進

⑤高齢期になっても住み続けることのできるバリアフリーの高齢者住まいの整備（国交省）

・高齢者専用賃貸住宅と生活支援拠点の一体的整備

・持ち家のバリアフリー化の推進

出所：第32回社会保障審議会介護保険部会資料　一部改変

　この地域包括ケアシステムを実現するためには、①医療との連携強化、②介護サービスの充実強化、③予防の推進、④多様な生活支援サービスの確保や権利擁護など、⑤高齢期になっても住み続けることのできる高齢者向けの住まいの整備、の５つの視点での取組みが包括的・継続的に行われる必要があります。

　そのため、以下の改正が行われました。

(1)　医療と介護の連携の強化等

　単身・重度の要介護者等に対応できるように、地域密着型サービスとして「定期巡回・随時対応型訪問介護看護」と「複合型サービス」が創設された。

(2)　認知症対策の推進

　高齢者の権利擁護を推進するため、市町村が市民後見人を育成することになった。また、市町村は、地域の実情に応じた認知症支援策を介護保険事業計画に盛り込むことになった。

## 5 2014（平成26）年の制度の見直し

　持続可能な社会保障制度の確立を図り、効率的かつ質の高い医療提供体制を構築し、地域包括ケアシステムを通じて、地域の医療及び介護の総合的な確保を推進するため、「地域における医療及び介護の総合的な確保を推進するための関係法律の整備等に関する法律」が、2014（平成26）年6月に成立しました。これによって、介護保険法等も改正され、2015（平成27）年4月以降、順次施行されました。

　介護保険法の主な改正内容は、以下のとおりです。

> (1)　全国一律の予防給付の一部（介護予防訪問介護・介護予防通所介護）を、市町村が取り組む地域支援事業に移行し、多様化を図る。
> (2)　特別養護老人ホームについて、原則として要介護3以上の人を入所対象とし、在宅での生活が困難な中重度の要介護者を支える機能に重点化する。
> (3)　低所得者の保険料の軽減を拡充する。
> (4)　一定以上の所得のある第1号被保険者の自己負担を2割に引き上げる。
> (5)　小規模な通所介護を地域密着型サービスの「地域密着型通所介護」として創設。
> (6)　居宅介護支援事業者の指定権限を市町村へ移譲。2018（平成30）年4月施行

## 6 2017（平成29）年の制度の見直し

　高齢者の自立支援と要介護状態の重度化防止、地域共生社会の実現を図るとともに、制度の持続可能性を確保することに配慮し、サービスを必要とする人に必要なサービスが提供されるようにすることを目的としています。2017（平成29）年5月に成立した「地域包括ケアシステムの強化のための介護保険法等の一部を改正する法律」の主な改正内容は以下のとおりです。

> (1)　**地域包括ケアシステムの深化・推進**
> 　①　自立支援・重度化防止に向けた保険者機能の強化等の取組の推進
> 　　全市町村が保険者機能を発揮し、自立支援・重度化防止に向けて取り組む仕組みの制度化。　②医療・介護の連携の推進等
> 　「日常的な医学管理」や「看取り・ターミナル」等の機能と、「生活施設」としての機能とを兼ね備えた新たな介護保険施設を創設。また、医療・介護の連携等に関し、都道府県による市町村に対する必要な情報の提供その他の支援の規定を整備。
> 　③　地域共生社会の実現に向けた取り組みの推進等
> 　　高齢者と障害児者が同一事業所でサービスを受けやすくするため、介護保険と障害者福祉制度に新たに共生型サービスを位置づける。
> (2)　**介護保険制度の持続可能性の確保**
> 　①　2割負担者のうち特に所得の高い層の負担割合を3割とする。
> 　②　介護納付金への総報酬割の導入。2017（平成29）年8月から段階的に引き上げ。

## 7　2020（令和2）年の制度の見直し

　「地域共生社会の実現のための社会福祉法等の一部を改正する法律」として、社会福祉法や老人福祉法などと一緒に改正されました。介護保険関係では以下の内容を含みます。

---

(1) 複雑化・複合化した支援ニーズに対応する市町村の包括的な支援体制の構築の支援

　既存の支援体制では対応が困難なニーズに応えるため、市町村に対し「相談支援」「参加支援」「地域づくりに向けた支援」の3本柱で、新たな事業の創設を求めた。

(2) 地域の特性に応じた認知症施策や介護サービス提供体制の整備等の推進

　認知症施策の総合的な推進および地域支援事業への関連データの活用を努力義務に規定し、高齢者向け住まいの介護保険事業計画への反映が盛り込まれた。

(3) 医療・介護のデータ基盤の整備の推進

　国の保有する介護関連情報の範囲拡大および医療情報との連結に向けた安全性の向上を図ることとした。

(4) 介護人材の確保および業務効率化の取組の強化

　介護保険事業計画に介護人材確保の取組を追加するとともに介護福祉士養成施設卒業者への国家試験義務付けに係る現行5年間の経過措置をさらに5年間延長した。

---

## 8　2023（令和5）年の制度の見直し

　「全世代対応型の持続可能な社会保障制度を構築するための健康保険法等の一部を改正する法律」が2023（令和5）年5月に成立し、この法律の中で介護保険法も改正されました。介護保険法の主な改正事項は次のとおりです。

---

(1) 都道府県の責務や都道府県介護保険事業支援計画・市町村介護保険事業計画の定めるよう努める事項に「生産性の向上」に関する事項が追加された。2024年4月1日施行

(2) 複合型サービスである看護小規模多機能型居宅介護について、法律上、そのサービス内容が明確にわかるよう改正がされた。2024年4月1日施行

(3) 地域包括支援センターの業務の見直しなど　2024年4月1日施行

　①指定居宅介護支援事業者は、市町村から直接指定を受け、指定介護予防支援事業者として、要支援者のケアマネジメント（介護予防支援）を実施できることになった。

　②地域包括支援センターの設置者は、包括的支援事業のうち、総合相談支援業務の一部を指定居宅介護支援事業者に委託することが可能になった。

(4) 介護サービス事業者に、都道府県知事に対する「介護サービス事業者経営情報」の報告義務が課された。都道府県は、その情報の調査・分析・公表を行うよう努め、国は介護サービス事業者経営情報のデータベースを整備し、必要な施策を実施する。2024年4月1日施行

---

◎高齢化　　◎介護の社会化　　◎自立支援　　◎利用者本位

◎社会保険方式　　◎地域支援事業　　◎地域密着型サービス

◎予防重視型システム　　◎地域包括ケアシステム

（執筆：石橋智昭）

# 2　介護保険制度の仕組みと基礎的理解

「介護の社会化」を実現するために創設された公的介護保険の制度設計について、財源・給付・補完の側面から、その具体的な仕組みを学習します。
ここでは、
①　保険制度としての基本的仕組み
②　サービス利用の流れ
③　介護保険サービス（介護給付・予防給付・市町村特別給付）
④　地域支援事業・地域包括支援センター
について理解してください。

## Ⅰ　保険制度としての基本的仕組み

### 1　基本的な仕組み

　介護保険は社会保険ですので、一定の要件に該当した人は法律上当然に被保険者となります。（強制適用）（図表1－7）。

#### ⑴　保険者

　制度を運営する主体の保険者は、市町村および特別区（以下、「市町村」という）です。保険者は、被保険者の資格管理、第1号被保険者の保険料の徴収、要介護（支援）認定、保険給付等を行います。

#### ⑵　被保険者

　制度加入者を被保険者といい、年齢によって2つに区分されます。（被保険者の要件に国籍は問われません。日本に住民登録をしている場合には、被保険者の対象となります。）被保険者は、保険者が定める保険料を納付する義務があります。

　①　第1号被保険者

　　市町村の区域内に住所を有する65歳以上の人です。介護（支援）が必要になった場合に、申請して要介護（支援）認定を受ければ、サービスを受けることができます。保険料は、市町村が徴収します。年金額が一定額以上の場合は、年金を支給する際に年金から天引きされます。これを特別徴収といいます。それ以外は、普通徴収（納入通知書を送り、納付を求める）となります。

　②　第2号被保険者

　　市町村の区域内に住所を有する40歳以上65歳未満の医療保険加入者です。加齢による病気（特定疾病）により介護（支援）が必要になった場合、申請して要介護（支援）認定を受ければ、サービスを受けることができます。保険料は、それぞれが加入する医療

保険者が医療保険料と一緒に徴収します。

【特定疾病】

①末期がん、②関節リウマチ、③筋萎縮性側索硬化症、④後縦靱帯骨化症、⑤骨折を伴う骨粗鬆症、⑥初老期の認知症、⑦パーキンソン病関連疾患、⑧脊髄小脳変性症、⑨脊柱管狭窄症、⑩早老症、⑪多系統萎縮症、⑫糖尿病性神経障害・糖尿病性腎症・糖尿病性網膜症、⑬脳血管疾患、⑭閉塞性動脈硬化症、⑮慢性閉塞性肺疾患、⑯両側の膝関節または股関節に著しい変形を伴う変形性関節症

## (3) 被保険者の住所地特例

介護保険制度は、住所地主義（住民票がある市町村の被保険者となる）をとっていますが、介護保険施設などに入所する被保険者は、他の市町村から施設のある住所地に住所を移す場合があります。住所地主義をとった場合、施設のある市町村に介護集中が起きてしまい、財政上の不均衡が生じます。このような問題に対処するために、移転する前の住所地であった市町村を保険者とする特例措置がとられます。これを住所地特例といいます。

## (4) 給付の目的

給付の目的は、要介護状態・要支援状態の軽減や悪化の防止に資することです。そして、必要なサービスを適切に提供し、可能な限り、自立した日常生活を営むことができるよう、支援していきます。なお、介護保険のサービスを利用する高齢者は、医療サービスも必要としている場合が多いため、医療との連携に十分に配慮して給付が行われます。

## (5) 介護保険の財源

介護保険の財源は、公費（税金）と保険料で50％ずつ負担しています。公費部分の負担割合は、市町村12.5％、都道府県12.5％、国25％となっています。（施設等給付は都道府県17.5％、国20％）（図表1－7）

## (6) 介護報酬

介護サービス事業者が利用者に介護サービスを提供した場合に、その対価として介護給付費単位数表に基づき事業者に対して支払われる報酬です。サービスの種類・内容に応じて設定されており、1単位あたり10円を基本として、地域別の単価が設定されています。また、サービス提供体制や利用者の状況等に応じて加算・減算される仕組みとなっています。

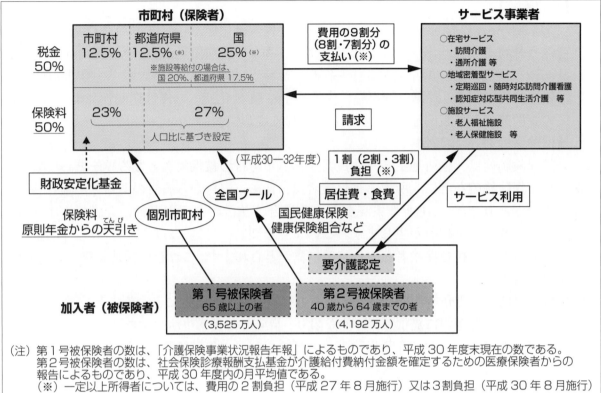

図表1－7　介護保険制度の仕組み

（注）第1号被保険者の数は、「介護保険事業状況報告年報」によるものであり、平成30年度末現在の数である。
第2号被保険者の数は、社会保険診療報酬支払基金が介護給付費納付金額を確定するための医療保険者からの報告によるものであり、平成30年度内の月平均値である。
（※）一定以上所得者については、費用の2割負担（平成27年8月施行）又は3割負担（平成30年8月施行）

出所：厚生労働省「介護保険制度の概要」（https://www.mhlw.go.jp）一部改変

## 2　利用者負担

　介護保険サービスの利用者は、サービス費用の1割を支払います。一定以上の所得のある第1号被保険者は2割負担又は、3割負担となります。

　また、福祉用具購入費および住宅改修費では、利用者がいったん費用の全額を支払い、後で保険給付分に相当する金額の支払を受ける「償還払い」の方式もとられています。

　また、1か月の自己負担額には負担の上限額が設定されています。自己負担額が一定の上限額を超えた場合は、その超過分が払い戻される「高額介護（介護予防）サービス費」制度があります。なお、低所得者では、この上限額がさらに低く設定されています。

　また、施設サービスを利用した場合の食費・居住費、日常生活費などは、全額利用者負担が発生します。ただし低所得者の場合は食費・居住費については、所得に応じた負担の上限額が定められています。

## Ⅱ　サービス利用の流れ

　介護保険制度のサービスを利用する際の流れは図表1－8のとおりで、利用を希望する場合は最初に要介護（支援）認定を受ける必要があります。

図表1－8　サービス利用の流れ

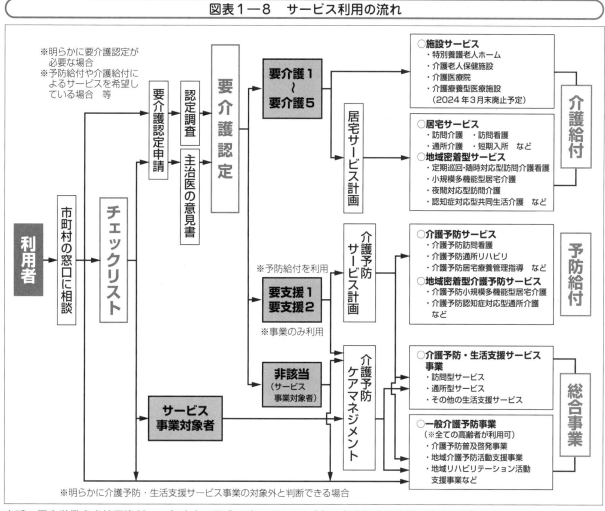

出所：厚生労働省老健局資料　一部改変　平成26年7月28日（全国介護保険担当課長会議資料）

## 1　要介護者・要支援者の定義

　介護保険の保険給付の対象となるのは、被保険者のうち、要介護状態または要支援状態と認定された人です。認定を受けた人を要介護者・要支援者といいます。

　要介護者とは、①要介護状態にある65歳以上の人（第1号被保険者）、②特定疾病によって要介護状態にある40歳以上65歳未満の人（第2号被保険者）です。

　要支援者とは、①要支援状態にある65歳以上の人（第1号被保険者）、②特定疾病によって要支援状態にある40歳以上65歳未満の人（第2号被保険者）です。

　要介護状態とは、入浴、排泄、食事などの基本的な動作の全部または一部について、6か月以上にわたり継続して常時介護を要すると見込まれる状態です。

　要支援状態とは、入浴、排泄、食事などの基本的な動作の全部もしくは一部について、6か月以上にわたり継続して、常時介護を要する状態の軽減もしくは悪化の防止のための支援を要すると見込まれる状態、または6か月にわたり継続して日常生活を営むのに支障があると見込まれる状態です。

　要介護認定等基準時間（介護にかかる時間の目安）に基づき、最軽度の要支援1から最重度の要介護5まで7段階の介護度を設けています（図表1－9）。

図表1―9　要介護認定での状態像と区分支給限度基準額

| 区　分 | 状態像の目安 | 要介護度 | 1か月の区分支給限度基準額 |
|---|---|---|---|
| 自　立 | 歩行や起き上がりなどの日常生活上の基本的動作を自分で行うことが可能であり、かつ、薬の内服、電話の利用などを行う能力も自立している状態 | 非該当 | 対象外 |
| 要支援 | 日常生活上の基本的動作については、ほぼ自分で行うことが可能であるが、薬の内服、電話の利用などを行う能力において何らかの支援を要する状態 | 要支援1 | 5,032単位 |
| | | 要支援2 | 10,531単位 |
| 要介護 | 歩行や起き上がりなどの日常生活上の基本的動作において部分的、全面的に介護が必要となる状態 | 要介護1 | 16,765単位 |
| | | 要介護2 | 19,705単位 |
| | | 要介護3 | 27,048単位 |
| | | 要介護4 | 30,938単位 |
| | | 要介護5 | 36,217単位 |

※　1単位の単価は10円が基本です。ただし、地域やサービスによって単価が異なります。

※　居宅サービスの保険給付には、要介護度ごとに区分支給限度基準額が設けられています。保険給付はその範囲内で利用されたサービスについて行われます。区分支給限度基準額の範囲を超えるサービスの利用については、その費用は全額利用者負担となります。

## 2　要介護（支援）認定の手順

(1)　要介護認定申請：認定を希望する人は、認定申請書に介護保険被保険者証を添えて市町村に申請します。申請資格のある人は、介護等を必要とする65歳以上の第1号被保険者と40〜65歳未満の特定疾病のある第2号被保険者です。

(2)　認定調査の実施：市町村は、申請者の自宅または入院・入所先に調査員を派遣し、認定調査（74項目の基本調査・概況調査（氏名・住所・電話番号・現在受けているサービスの状況など）・特記事項）を実施します。同時に主治医に対し、主治医意見書の作成を依頼します。

(3)　一次判定：認定調査結果と主治医意見書のデータから、あらかじめ国の定めた判定基準により、要介護認定等基準時間（介護にかかる時間の目安）を算出し、一次判定の結果とします。

(4)　二次判定：保健・医療・福祉の専門家（5人を標準として市町村が定める数）で構成される介護認定審査会が開催され、一次判定結果、認定調査票の特記事項、主治医意見書に基づいて、要介護度を判定します。

(5)　結果の通知：認定は、申請日から原則30日以内に行われます。結果は、市町村から申請者に通知されることになっており、認定された要介護度が記載された介護保険被保険者証が届きます。

(6)　サービスの利用：要介護認定を受けた人は、その区分（図表1―8）に応じて介護給付または予防給付のサービスを利用できます。

(7)　保険給付を継続的に利用する場合、有効期間の終了前に要介護認定等の更新の申請を行います。

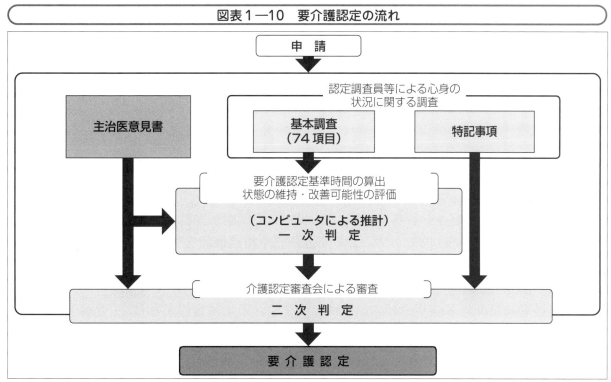

図表1−10 要介護認定の流れ

出所：厚生労働省資料

## 3 認定結果に対する疑問・不服

　都道府県には介護保険審査会が設置されており、市町村での要介護（支援）認定の結果に不服がある時は、被保険者は審査請求をすることができます。

## Ⅲ 介護保険サービス（介護給付・予防給付・市町村特別給付）

　介護給付とは、要介護（支援）認定において要介護1〜5と認定された人が利用できるサービスをいいます。

　予防給付とは、要介護（支援）認定において要支援1・要支援2と認定された人が利用できるサービスをいいます。

　サービスの利用形態としては、「居宅サービス」、「施設サービス」などがあります。

## 1 サービスの種類・内容

### (1) 居宅介護支援・介護予防支援

　居宅サービス・地域密着型サービスの利用にあたっては、サービスの内容や利用回数・日時等を調整した居宅サービス計画（ケアプラン）がまず必要です。ケアプランは利用者自身が作成することも可能ですが、介護保険制度ではケアマネジャーによるケアプラン作成とサービス利用の申込みを利用者の自己負担なしで提供する居宅介護支援サービスが用意されています。

　したがって、サービス利用に先立って、まず「居宅介護支援事業者」を選択することか

ら始まります。また、要支援者のケアプラン（介護予防サービス計画）は介護予防支援事業者として指定を受けた地域包括支援センターに作成を依頼することができます（介護予防支援）。

(2)　**居宅サービス**（図表1—11②）

居宅サービスは、要介護者に対して提供されるサービスです。

訪問介護（ホームヘルプサービス）、訪問入浴介護、訪問看護などがあり、利用者の居宅において必要なサービスを提供します。

なお、訪問によって提供されるサービス以外にも、デイサービスやショートステイなどのように利用者自身が施設等に通ったり、短期間宿泊して利用するタイプもあります。

近年では、バリアフリー（車いす対応のスペースや開閉が容易なドアなど）、緊急通報などを備え、さらに常駐スタッフによる安否確認や相談機能を備えたサービス付き高齢者向け住宅に入居して、居宅サービスを利用する人も増加しつつあります。

(3)　**介護予防サービス**

要支援者には介護予防サービスが提供されます。その場合の名称は、「介護予防○○○○」などと、サービスの名称に「介護予防」をつけたものになります。（例・介護予防訪問看護）

「介護予防訪問介護」と「介護予防通所介護」については、2017（平成29）年度末までに市町村から地域支援事業に移行しました。「介護予防訪問介護」と「介護予防通所介護」以外のサービス（介護予防訪問看護等）については、引き続き予防給付によるサービスが提供されます。

(4)　**地域密着型サービス**（図表1—11②）・**地域密着型介護予防サービス**

地域密着型サービスは、一人一人が住みなれた地域での生活を継続するために、市町村の裁量で整備するサービスのことです。原則として当該市町村の被保険者のみが利用可能です。

地域の特性に応じて多様で柔軟なサービス提供が可能となるよう2006（平成18）年に創設されました。

2014（平成26）年の介護保険法改正より、小規模な通所介護については、地域との連携や運営の透明性を図る観点から、地域密着型サービスへ移行し、新しく「地域密着型通所介護」として創設されました。（2016（平成28）年4月1日施行。）

図表1—11①　サービスの種類

| | 予 防 給 付 を 行 う サ ー ビ ス | 介 護 給 付 を 行 う サ ー ビ ス |
|---|---|---|
| 都道府県・政令市・中核市が指定・監督を行うサービス | ◎介護予防サービス<br><br>【訪問サービス】<br>○介護予防訪問入浴介護<br>○介護予防訪問看護<br>○介護予防訪問リハビリテーション<br>○介護予防居宅療養管理指導<br><br>【通所サービス】<br>○介護予防通所リハビリテーション<br><br>【短期入所サービス】<br>○介護予防短期入所生活介護(ショートステイ)<br>○介護予防短期入所療養介護<br><br>○介護予防特定施設入居者生活介護<br>○介護予防福祉用具貸与<br>○特定介護予防福祉用具販売 | ◎居宅介護サービス<br><br>【訪問サービス】<br>○訪問介護(ホームヘルプサービス)<br>○訪問入浴介護<br>○訪問看護<br>○訪問リハビリテーション<br>○居宅療養管理指導<br>○特定施設入居者生活介護<br>○福祉用具貸与<br>○特定福祉用具販売<br><br>【通所サービス】<br>○通所介護(デイサービス)<br>○通所リハビリテーション<br><br>【短期入所サービス】<br>○短期入所生活介護(ショートステイ)<br>○短期入所療養介護<br><br>◎施設サービス<br>○介護老人福祉施設<br>○介護老人保健施設<br>○介護療養型医療施設(2024年3月末廃止予定)<br>○介護医療院 |
| 市町村が指定・監督を行うサービス | ◎地域密着型介護予防サービス<br>○介護予防認知症対応型通所介護<br>○介護予防小規模多機能型居宅介護<br>○介護予防認知症対応型共同生活介護(グループホーム)<br><br>◎介護予防支援 | ◎地域密着型介護サービス<br>○定期巡回・随時対応型訪問介護看護<br>○夜間対応型訪問介護<br>○地域密着型通所介護<br>○認知症対応型通所介護<br>○小規模多機能型居宅介護<br>○認知症対応型共同生活介護(グループホーム)<br>○地域密着型特定施設入居者生活介護<br>○地域密着型介護老人福祉施設入所者生活介護<br>○複合型サービス(看護小規模多機能型居宅介護)<br><br>◎居宅介護支援 |
| その他 | ○住宅改修 | ○住宅改修 |

※1　「地域の自主性及び自立性を高めるための改革の推進を図るための関係法律の整備に関する法律」の施行に伴い、都道府県が指定・監督を行うサービスについて、政令市・中核市に権限委譲(けんげんいじょう)されている。

※2　居宅介護支援事業者については、市町村に指定権限が移譲(いじょう)されている。(2018(平成30)年4月施行)

出典：厚生労働省資料　一部改変

**図表1―11②　サービス等の種類と内容**

| 種　類 | 内　容 |
|---|---|
| **◆居宅サービス** | |
| ① 訪問介護（ホームヘルプサービス） | 訪問介護員が家庭を訪問し、入浴・排泄・食事等の身体介護および調理・洗濯等の生活援助を提供。また、通院等乗降介助を行います。 |
| ② 訪問入浴介護 予防 | 浴槽を積んだ入浴車で家庭を訪問して、入浴の介護を行います。 |
| ③ 訪問看護 予防 | 看護師等が家庭を訪問し、療養上の世話や必要な診療の補助を行います。 |
| ④ 訪問リハビリテーション 予防 | 理学療法士・作業療法士等が家庭を訪問し、必要なリハビリテーションを行います。 |
| ⑤ 居宅療養管理指導 予防 | 医師、歯科医師、薬剤師等が訪問し、療養上の管理や指導を行います。 |
| ⑥ 通所介護（デイサービス） | 老人デイサービスセンター等へ通い、入浴・食事等の介護や機能訓練等のサービスを受けます。 |
| ⑦ 通所リハビリテーション（デイケア） 予防 | 介護老人保健施設や介護医療院、病院等へ通い、リハビリテーションを受けます。 |
| ⑧ 短期入所生活介護（ショートステイ） 予防 | 特別養護老人ホーム等に短期間入所し、日常生活上の介護や機能訓練等のサービスを受けます。 |
| ⑨ 短期入所療養介護（ショートステイ） 予防 | 介護老人保健施設や介護医療院等に短期間入所し、医学的管理のもと、介護や機能訓練等のサービスを受けます。 |
| ⑩ 特定施設入居者生活介護 予防 | 有料老人ホーム等に入居している人に、日常生活の介護や機能訓練を行います。 |
| ⑪ 福祉用具貸与（レンタル） 予防 | 車いす、電動ベッド、歩行器等の、日常生活の自立を助けるための福祉用具を貸与します（図表1―11③）。要介護度により利用制限があります。 |
| ⑫ 特定福祉用具販売 予防 | 貸与になじまない排泄や入浴のための福祉用具を指定事業者から購入した場合に購入費を払い戻します（図表1―11③）。 |
| **◆地域密着型サービス** | |
| ① 夜間対応型訪問介護 | 夜間の定期的な巡回による訪問介護サービスに加え、随時、利用者の求めに応じて、訪問介護サービスを行います。 |
| ② 認知症対応型通所介護 予防 | 認知症の人が老人デイサービスセンター等へ通い、入浴・食事等の介護や機能訓練等のサービスを受けます。 |
| ③ 地域密着型通所介護 | 通所施設（利用定員が18人以下の老人デイサービスセンター等）で各種サービスを提供します。従来の通所介護のうち、小規模型の通所介護に相当するサービスです。 |
| ④ 小規模多機能型居宅介護 予防 | 事業所への通いを中心に、随時、訪問や泊まりを組み合わせ、入浴・食事等の介護や機能訓練等のサービスを受けます。 |
| ⑤ 複合型サービス（看護小規模多機能型居宅介護） | 小規模多機能型居宅介護と訪問看護を組み合わせ、一体的に提供するサービス。 |
| ⑥ 認知症対応型共同生活介護（グループホーム） 予防 | 認知症の人が、家庭的な雰囲気のなか、5～9人で共同生活を送りながら、日常生活の介護や機能訓練等のサービスを受けます。 |
| ⑦ 地域密着型特定施設入居者生活介護 | 定員29人以下の有料老人ホーム等に入居している人に、日常生活の介護や機能訓練を行います。 |
| ⑧ 地域密着型介護老人福祉施設入所者生活介護 | 定員が29人以下の小規模な介護老人福祉施設（特別養護老人ホーム）に入所する人が、日常生活上の世話や機能訓練などの介護サービスを受けられるものです。 |
| ⑨ 定期巡回・随時対応型訪問介護看護 | 日中・夜間を通じて、訪問介護と訪問看護を一体的に又はそれぞれが密接に連携しながら、定期巡回訪問と随時訪問で提供します。 |
| **◆住宅改修** | |
| ① 住宅改修 予防 | 手すりの取付け、段差解消等の一定の住宅改修をした場合に、改修費が払い戻されます。 |

（注記） 予防 ：予防給付の設定があるもの。

> **図表1ー11③　福祉用具貸与（レンタル）・特定福祉用具販売（購入費）の支給対象**

## 貸与される福祉用具

**車いす（※）**
自走用、介助用標準型車いす、普通型、介助用電動車いす

**車いす付属品（※）**
クッション、電動補助装置等

**特殊寝台**
背の角度を調整できるもの、ベッドの高さを調整できるもの等

**特殊寝台付属品**

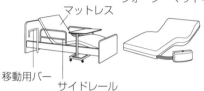

マットレス
移動用バー
サイドレール
テーブル、介助用ベルト、スライディングボード・マット

**床ずれ防止用具（※）**
エアマット、ウォーターマット等

**体位変換器（※）**

起き上がり補助装置等含む

**手すり**
取付けに工事不要のもの

**スロープ★**
取付けに工事不要のもの

**歩行器★**
四脚式と車輪付きタイプ等

**歩行補助つえ★**

**認知症老人徘徊感知機器（※）**
離床センサー等含む

**移動用リフト（※）**
階段移動用リフト等含む

つり具の部分を除く

**自動排泄処理装置（※）☆**

交換可能部品は除く

## 購入費が支給される福祉用具（特定福祉用具）

**腰掛便座**

便座の底上げ部材・水洗ポータブルトイレ等を含む

**自動排泄処理装置の交換可能部品**

レシーバー、チューブ、タンク等のうち尿や便の経路となるもの

**入浴補助用具**

入浴用いす、浴槽内いす、入浴台等

**簡易浴槽**

**移動用リフトのつり具**

**排泄予測支援機器**

※の種目は、要支援及び要介護1の方は、原則支給の対象外となります。ただし、身体の状態等によっては、要介護認定における基本調査結果に基づく判断や市町村への申請により、給付対象となる場合もあります。

☆自動排泄処理装置（便を自動的に吸引するもの）は、要介護4・5の人が対象となります（尿のみ吸引するものは除く）。

★令和6年度より貸与と販売の選択制が導入される予定です。

## (5)　施設サービスとその種類・内容

　介護保険制度で利用できる施設サービスは以下のとおりです（図表1─12）。これらは主に医療上のケアの必要性によって利用する施設が異なります。また、これらの施設サービスは、要介護1～5（介護老人福祉施設では、原則要介護3以上）の認定者に限られ、要支援1・2の認定者は利用できません。

図表1─12　施設サービス

| 名　称 | 内　容 |
|---|---|
| **介護老人福祉施設（特別養護老人ホーム）** | 老人福祉法で規定されている特別養護老人ホーム（入所定員が30人以上のもの）で、介護保険法の施設基準を満たしているものです。日常生活に常時介護が必要で、自宅では介護が困難な高齢者等が入所します。食事、入浴、排泄などの日常生活の介護や健康管理が受けられます。2015（平成27）年4月から、在宅での生活が困難な中重度の要介護者を支える施設としての機能に重点化を図ることになりました。原則、新規入所については、要介護3以上の人に限定し、要介護1・2の人は、やむを得ない事情により、特別養護老人ホーム以外での生活が著しく困難であると認められる場合に、特例的に入所が認められることになります。 |
| **介護老人保健施設（老人保健施設）** | 病状が安定し、リハビリテーションに重点を置いたケアが必要な高齢者等が入所利用します。医学的な管理のもとで、日常生活の介護や機能訓練が受けられます。入所申込みは、希望する施設に直接行いますが、リハビリテーションの必要性や病気の状態などから入所が可能かどうか判定されます。長期の入所施設ではなく、入所後も原則として3か月毎に入所の継続の可否が検討されます。 |
| **介護医療院** | 今後、増加が見込まれる慢性期の医療・介護ニーズへの対応のため、「日常的な医学管理が必要な要介護者の受け入れ」や「看取り・ターミナル」等の機能と、「生活施設」としての機能を兼ね備えています。要介護者に対して、「長期療養のための医療」と「日常生活上の世話（介護）」を一体的に提供します。病院または診療所から転換した場合には、転換前の病院または診療所の名称を引き続き使用できます。（要件を満たす必要がある） |
| **介護療養型医療施設（2024年3月末廃止予定）** | 医療機関の病床は、精神・結核・感染症といった疾患別の病床のほか、急性期の入院治療を行う「一般病床」と慢性期の長期療養を担う「療養病床」に区分されます。この療養病床の中で、介護保険制度を利用できる病床を介護療養型医療施設と呼びます。医療の必要性の高い人が利用する医療施設で、医師や看護師もより多く配置されています。原則として、医療の必要性が低くなれば退院することとなります。介護療養型医療施設は、2018（平成30）年3月31日までに廃止することになっていましたが、さらに6年間廃止が延期されています。2012（平成24）年4月以降、新規の指定は認められていません。 |

## 2　市町村特別給付

　市町村は、第1号被保険者の保険料を財源として、法定の介護給付・予防給付のほかに条例で定めるところにより、独自の保険給付（市町村特別給付）を実施することができます。具体的なサービス内容は、市町村によって異なり、「介護用品の支給（紙オムツ支給）」、「移送サービス」、「配食サービス」等が実際に提供されています。

## Ⅳ 地域支援事業・地域包括支援センター

### 1　地域支援事業

　地域支援事業は保険給付とは別の事業で、「要介護（支援）認定には該当しない人に対しても一人ひとりの状況に応じた予防対策を図るとともに、要介護状態等になった場合にも可能な限り地域での自立生活を営むことができるよう支援する」ことを目的に、介護保険財源の一部を用いて実施される事業です。

　2011（平成23）年の介護保険法改正によって、介護予防と日常生活支援のための施策を総合的かつ一体的に行えるよう、対象者を要支援者にも広げ、生活支援サービスも加えた「介護予防・日常生活支援総合事業」が創設されました。さらに2014（平成26）年の介護保険法改正により、この事業が見直され「新しい総合事業」として、再編されました。

### 2　地域支援事業の見直し（2015（平成27）年4月施行）

#### (1)　見直しの背景

　今後、一人暮らし高齢者等の急速な増加、家族介護力の低下、地域を支える若年層の減少などを背景に、地域における高齢者への生活支援のニーズの高まりが予測されます。その内容は、配食や見守りなど、多様な内容が求められています。多様な生活支援のニーズにこたえるために、NPO、民間企業、協同組合、ボランティア、社会福祉法人など、多種多様な事業体が参加し、連携を行いながら、身近な地域で支援が提供される体制が必要となります。

　また、地域の高齢者が、積極的に生活支援等の担い手にもなり、支援が必要な高齢者を支えていくことや、地域に多様な通いの場をつくることで高齢者の社会参加や社会的役割を促進していくことは、介護予防の視点からも極めて重要です。

#### (2)　新しい総合事業の実施

　このような背景から、2015（平成27）年度から、全国一律で提供されていた予防給付の「介護予防訪問介護・介護予防通所介護」については、「介護予防・日常生活支援総合事業」に移行し、総合事業は、各市町村の実情に応じ、住民主体の取り組みを含めた多様な主体により、柔軟な取り組みができるしくみへと変わりました。

　また、総合事業は、これまで、市町村の任意で行うことになっていましたが、法改正により、すべての市町村が取り組む制度として位置づけられました。

図表1—13① 総合事業の内容

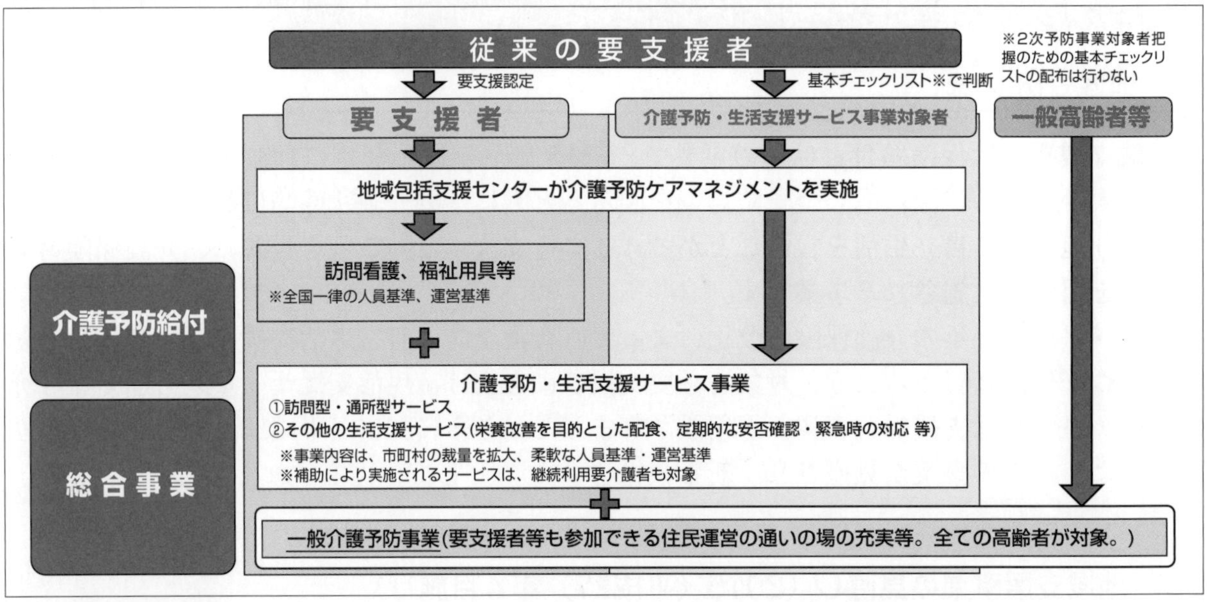

```
                    従 来 の 要 支 援 者
              ↓要支援認定        ↓基本チェックリスト※で判断    ※2次予防事業対象者把
                                                        握のための基本チェックリ
   要 支 援 者        介護予防・生活支援サービス事業対象者   一般高齢者等   ストの配布は行わない

         地域包括支援センターが介護予防ケアマネジメントを実施

介護予防給付   訪問看護、福祉用具等
             ※全国一律の人員基準、運営基準
             +
             介護予防・生活支援サービス事業
総合事業       ①訪問型・通所型サービス
             ②その他の生活支援サービス(栄養改善を目的とした配食、定期的な安否確認・緊急時の対応 等)
             ※事業内容は、市町村の裁量を拡大、柔軟な人員基準・運営基準
             ※補助により実施されるサービスは、継続利用要介護者も対象
             +
         一般介護予防事業(要支援者等も参加できる住民運営の通いの場の充実等。全ての高齢者が対象。)
```

出所:厚生労働省資料

図表1—13② 総合事業を構成する各事業の内容及び対象者

### (1)介護予防・生活支援サービス事業(サービス事業)

○ 対象者は、制度改正前の要支援者に相当する者。
①要支援認定を受けた者
②基本チェックリスト該当者(事業対象者)

| 事業 | 内容 |
|---|---|
| 訪問型サービス | 居宅要支援被保険者等に対し、掃除、洗濯等の日常生活上の支援を提供 |
| 通所型サービス | 居宅要支援被保険者等に対し、機能訓練や集いの場など日常生活上の支援を提供 |
| その他の生活支援サービス | 居宅要支援被保険者等に対し、栄養改善を目的とした配食や一人暮らし高齢者等への見守りを提供 |
| 介護予防ケアマネジメント | 居宅要支援被保険者等に対し、総合事業によるサービス等が適切に提供できるようケアマネジメント |

※ 事業対象者は、要支援者に相当する状態等の者を想定。
※ 基本チェックリストは、支援が必要だと市町村や地域包括支援センターに相談に来た者に対して、簡便にサービスにつなぐためのもの。
※ 予防給付に残る介護予防訪問看護、介護予防福祉用具貸与等を利用する場合は、要支援認定を受ける必要がある。

### (2)一般介護予防事業

○ 対象者は、第1号被保険者の全ての者及びその支援のための活動に関わる者。

| 事業 | 内容 |
|---|---|
| 介護予防把握事業 | 収集した情報等の活用により、閉じこもり等の何らかの支援を要する者を把握し、介護予防活動へつなげる |
| 介護予防普及啓発事業 | 介護予防活動の普及・啓発を行う |
| 地域介護予防活動支援事業 | 住民主体の介護予防活動の育成・支援を行う |
| 一般介護予防事業評価事業 | 介護保険事業計画に定める目標値の達成状況等を検証し、一般介護予防事業の評価を行う |
| 地域リハビリテーション活動支援事業 | 介護予防の取組を機能強化するため、通所、訪問、地域ケア会議、住民主体の通いの場等へのリハビリ専門職等の関与を促進する |

出所:厚生労働省資料

## 3　地域包括支援センター

　高齢者が住み慣れた地域で、安心してその人らしい生活を継続するために、さまざまなサービスが高齢者のニーズに応じて提供される必要があります。高齢者の地域での生活を支える中核的な機関として、2005（平成17）年の介護保険制度改正で、「地域包括支援センター」が設置されました。

　地域包括支援センターは、地域住民の心身の健康の保持および生活の安定のために必要な援助を行うことにより、地域住民の保健医療の向上及び福祉の増進を包括的に支援することを目的としています。

　センターは、市町村が設置できることとされていますが、委託を受けた医療法人、社会福祉法人、NPO法人なども設置できます。事業を適切に実施するために、保健師・社会福祉士・主任介護支援専門員等を配置する必要があります。市町村機能の一部として地域の最前線に立ち、高齢者の総合相談、権利擁護、介護予防のケアマネジメント及び地域ケア会議等を通じたケアマネジメント支援等を業務とします。今後は、地域包括ケアシステム構築へ向けた中核的な機関である地域包括支援センターの体制強化を図っていきます。

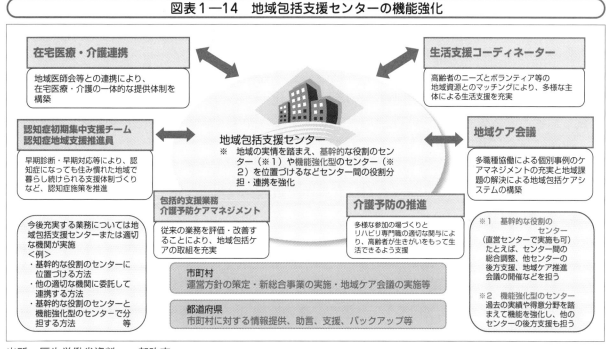

図表1−14　地域包括支援センターの機能強化

出所：厚生労働省資料　一部改変

## ４　地域ケア会議

　地域ケア会議は、高齢者の個別課題の解決を図り適切なサービス提供へとつなげていくために、地域の支援者や多職種がネットワークを構築し、その専門的な視点からケアマネジメントを支援するものです。個別事例（困難事例等）の課題分析等を積み重ねることで地域に共通した課題が明確化され、その解決に必要な資源開発や地域づくり、さらには政策の形成に結びつくことが期待されています。地域ケア会議は、地域包括ケアシステムの実現に不可欠な取り組みとして制度的に位置づけられ、市町村や地域包括支援センターが開催することになっています。

## ５　地域共生社会

　地域共生社会とは、地域の高齢者、障害者、子どもなどのあらゆる住民が役割を持ち、支え合いながら1人ひとりの暮らしと生きがいをともに創り、高め合う社会です。住民が地域の課題を「我が事」としてとらえ、支援の「受け手」が「支え手」としても活躍し、福祉サービスも分野ごとの縦割りではなく、「丸ごと」の横断的、包括的な支援のしくみをつくることを目指します。2017年に成立した「地域包括ケアシステムの強化のための介護保険法等の一部を改正する法律」においても、地域包括ケアシステムの深化・推進のために、地域共生社会の実現について下記の事項が盛り込まれています。

●市町村による地域住民と行政等との協働による包括的支援体制作り、福祉分野の共通事項を記載した地域福祉計画の策定の努力義務化

●高齢者と障害児者が同一事業所でサービスを受けやすくするため、介護保険と障害福祉制度に新たに共生型サービスを位置づける

※すでに介護保険サービス（または障害福祉制度でのサービス）を提供している事業所であれば、障害福祉制度（または介護保険制度）に基づく指定を受けやすくする特例が設けられる。

今後の学習のためのキーワード

◎保険料　◎要介護認定　◎介護認定審査会

◎要介護度　◎認定の有効期間　◎介護保険審査会

◎居宅サービス　◎地域密着型サービス　◎施設サービス

◎住宅改修　◎地域支援事業　◎市町村特別給付

（執筆：石橋智昭）

# 3　介護保険制度の財源、組織・団体の機能と役割

介護保険制度の適正な運営について、公的機関（国・都道府県・市町村）が指定基準やサービスの質の管理にどのようにかかわっているかを学習します。
ここでは、
① 制度運営の役割分担
② 介護保険事業計画
③ 介護サービス事業者の質の確保
④ 苦情への対応
⑤ 情報公表・第三者評価
について理解してください。

## Ⅰ　制度運営の役割分担

### 1　国・都道府県・市町村

　介護保険制度の適正な運営に際しては、国・都道府県・市町村がそれぞれの役割を分担しながら運営が行われています。この中から、介護保険事業計画及びサービス事業者の管理について、その概要を解説します（図表1―15）。

図表1―15　介護保険に関する役割分担の例

※都道府県が処理する事務のうち、政令で定めるものについては地域主権改革の趣旨に沿って、指定都市又は中核市が行う特例があります。（法203条の2）

| 内容 | 国 | 都道府県 | 市町村 |
|---|---|---|---|
| 財政負担（公費50％部分） | 25％（居宅給付費） | 12.5％（居宅給付費） | 12.5％（居宅給付費） |
| 介護保険事業計画 | 国の指針を策定 | 都道府県介護保険事業支援計画を策定 | 市町村介護保険事業計画を策定 |
| 制度運営に必要な基準の設定 | 地方公共団体がサービス事業者、施設の人員・設備・運営に関する基準を定めるにあたり、「従うべき・標準とする・参酌すべき」基準の設定 | 居宅サービス事業者等、施設の人員・設備・運営に関する基準の設定 | 地域密着型サービス・地域密着型介護予防サービス等の人員・設備・運営に関する基準の設定 |
| 指導・助言・指定等に関すること | 都道府県・市町村が行うサービス事業者等に対する指導監督業務等についての報告請求・助言・勧告 | 居宅サービス事業者等に対する指定・指定更新・指導監督等（図表1―11①参照） | 地域密着型サービス事業者等に対する指定・指定更新・指導監督等（図表1―11①参照） |

| 苦 情 へ の 対 応 | 国民健康保険団体連合会による対応 | 運営適正化委員会<br>（社会福祉協議会） | 苦情対応窓口の設置 |
| --- | --- | --- | --- |
| 要 介 護 認 定 | 要介護認定の判定基準の改定 | 不服申し立て窓口設置<br>（介護保険審査会） | 介護認定審査会 |

### 2　国民健康保険団体連合会（国保連）

　国民健康保険の保険者が共同で都道府県ごとに設置した団体であり、介護保険成立後、介護保険事業関係の業務を行っています。介護保険の保険者である市町村から委託を受けて介護報酬の審査・支払いを行っています。また介護サービスに関する苦情処理の業務等も行っています。

## Ⅱ　介護保険事業計画

### 1　介護保険事業計画

　介護保険の運営に際しては、３年を１期とする計画の策定が義務づけられており、市町村が策定する「介護保険事業計画」と都道府県が策定する「介護保険事業支援計画」があります。第４期計画までは、国が各自治体の介護保険事業（支援）計画のサービス見込量の算定にあたって「参酌標準（具体的な目標数値）」を示していましたが、第５期介護保険事業計画（平成24～26年度）から参酌標準が撤廃され、各地域の実情に応じて策定することになりました。※第６期（平成27～29年度）計画以後の計画では、2025（平成37）年に向け、第５期で開始した地域包括ケア実現のための方向性を承継しつつ、在宅医療介護連携等の取組みを本格化していくものとされてます。

　第１号被保険者の介護保険料は、３年ごとに介護保険事業計画に定めるサービス費用見込額等をもとに設定されます。高齢化によるサービス利用者の増加、サービス内容の充実等により、介護保険料は増加の一途をたどっています（図表１―16）。

#### 図表１―16　第１号被保険者の介護保険料（全国平均）の推移

| 2000年度～<br>（平成12～） | 2003年度～<br>（平成15～） | 2006年度～<br>（平成18～） | 2009年度～<br>（平成21～） | 2012年度～<br>（平成24～） | 2015年度～<br>（平成27～） | 2018年度～<br>（平成30～）<br>令和２ |
| --- | --- | --- | --- | --- | --- | --- |
| 2,911円 | 3,293円 | 4,090円 | 4,160円 | 4,972円 | 5,514円 | 5,869円 |

## Ⅲ　介護サービス事業者の質の確保

### 1　事業者指定基準

　介護保険の適用を受けて介護サービス事業を行うためには、都道府県または市町村の条例

で定められた「人員、設備及び運営基準」を満たして、介護サービス事業者として指定を受ける必要があります。指定を受けた事業者は6年ごとに指定更新を受ける必要があります。図表1—17に訪問介護事業の人員基準の一部を示します。

### 図表1—17　訪問介護の人員基準（一部抜粋）

**指定居宅サービス等の事業の人員、設備及び運営に関する基準（第5条）**
　指定訪問介護事業者が指定訪問介護事業所ごとに置くべき訪問介護員等の員数は、常勤換算方法で、2.5人以上とする。（以下省略）

（※　地域主権改革一括法等の施行により、これまで厚生労働省令で全国一律に定めることとされていた老人福祉法や介護保険法上の事業所や施設の人員、設備、運営基準を、都道府県または市町村の条例で定めることになりました）

## 2　介護サービス事業所に対する指導及び監査

　「人員、設備及び運営基準」は、あくまでも適切なサービス提供のための必要最低限の基準であり、事業者はより高い水準を目指して運営する必要があります。指定権者（都道府県・市町村）は、事業開始後も各事業所が指定基準を下回っていないかどうかを指導及び監査して、改善がみられない場合は指定取消等の処分を行います（図表1—18）。

### 図表1—18　介護サービス事業所に対する監査結果の状況

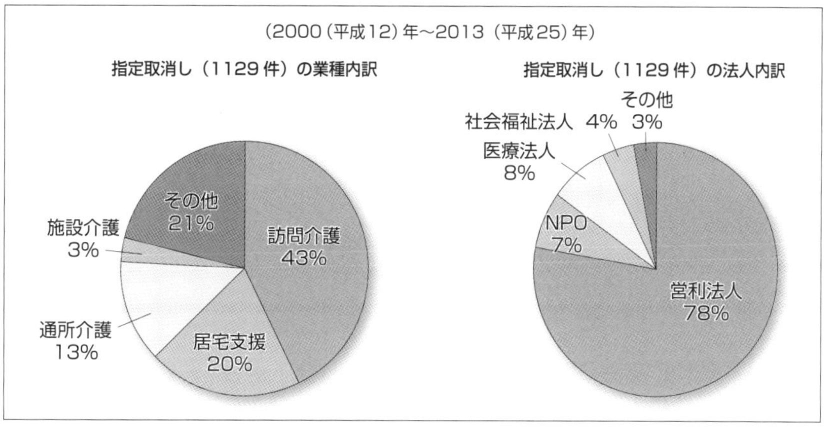

出所：厚生労働省「全国介護保険・高齢者保健福祉担当課長会議資料（平成27年3月2日（月）・3日（火））」より作成

## Ⅳ　苦情への対応

　サービス事業者との間で契約どおりにサービスが提供されない場合、利用者は相談、苦情を申立てることができます。介護保険法によって、介護サービス事業者及び保険者（市町村）・国民健康保険団体連合会には苦情の受付体制の整備が義務づけられています（図表1—19）。
　なお、福祉サービス全般を対象とした都道府県社会福祉協議会の「運営適正化委員会」も介護保険サービスの苦情に対応します（社会福祉法第83条）。対応内容は、当事者同士の話し合い支援、苦情内容を調査、苦情解決委員による解決のあっせん等となっています。

**図表1—19　苦情受付に対する対応**

| 受付主体 | 内容 |
|---|---|
| サービス事業者・施設 | サービス事業者・施設は、利用者およびその家族からの苦情に迅速（じんそく）かつ適切に対応するために、苦情の窓口を設置する。 |
| 居宅介護支援事業者 | 居宅介護支援事業者は、利用者・事業者等から事情を聞いて対応策を検討し、必要に応じて利用者に説明する。また、利用者の国民健康保険団体連合会への苦情申立てに必要な援助を行う。 |
| 市町村 | 第一次的な窓口として、事業者等に対する調査・指導・助言を行う。 |
| 国民健康保険団体連合会 | 制度上の苦情処理機関として、苦情申立て等に関して、事業者等に対する調査・指導・助言の権限を持つ。 |

## Ⅴ　情報公表・第三者評価

　介護保険制度には、利用者が各事業所の介護サービス情報を比較検討し、自分にあったより良い事業者を選択できるよう「介護サービス情報の公表」制度があります。その内容は、名称、所在地、連絡先、サービス従業者の数、施設・設備の状況や利用料金などの基本情報に加えて、サービス提供の仕組み、従業者の教育・研修の状況など、介護サービス事業所のサービス内容、運営等に関する情報で、都道府県又は指定都市は介護サービス事業所からの報告や調査によって得られたこれらの情報を公表する義務が課されています。（介護サービス情報の公表については、第5章　第2節　1. 記録による情報の共有化を参照）

　また、事業者の情報については社会福祉法に基づく「福祉サービス第三者評価」制度もあります。サービスの質の向上に結びつけることを目的としており、第三者評価では情報の事実確認のみではなく、その内容や事業所の取り組み過程まで踏み込んで評価が行われ、公表されています。

今後の学習のための キーワード
◎介護保険事業支援計画　◎介護保険事業計画
◎3年ごとの保険料見直し　◎事業所指定基準
◎介護サービス情報の公表　◎第三者評価

（執筆：石橋智昭）

〔引用・参考文献〕
① 厚生労働省「介護保険制度の概要」https://www.mhlw.go.jp
② 田宮奈々子、野口晴子ほか「人口の高齢化と幸福　日本の介護保険政策からの教訓」ランセットジャパン日本特集, 2011
③ 介護保険実務研究会「自治体の介護保険制度改革」ぎょうせい, 2005
④ 池上直己「医療問題<第4版>」日本経済新聞出版社, 2010

# 4　医療保険制度の概要

　日本では、すべての国民が何らかの医療保険制度に加入する「国民皆保険制度」となっています。医療保険には、会社などに勤める方が職場などで加入する「職域保険(被用者保険)」と、その地域に住む方で、職域保険の対象とならない方を対象とした「地域保険(国民健康保険)」の2つが、主要な制度として運営されています。
　ここでは、
　① 医療保険の種類
　② 医療の給付の内容
について理解してください。

## Ⅰ　医療保険制度の概要

### 1　日本の医療保険制度

　医療保険とは、国民が病気・けが・出産・死亡したときに、必要な医療の給付や手当金の支給などを行うものです。日本の医療保険制度は、職業や年齢(高齢)に応じて加入する保険制度が異なります。

　主なものに、民間企業の会社員とその家族を対象とする健康保険、公務員や私立学校の教職員を対象とする各種共済組合、それ以外の自営業者や年金生活者などを対象とする国民健康保険があり、さらに75歳以上の高齢者を対象とする後期高齢者医療制度があります。

　国民健康保険は地域の住民を対象とすることから「地域保険」といい、健康保険・共済組合などは会社組織などで使用される者を対象とすることから「被用者保険」又は「職域保険」といいます(図表1—20)。

　日本においては1958(昭和33)年の国民健康保険法の全面改正により、1961(昭和36)年から全国民が何らかの医療保険に加入することが義務づけられた、いわゆる「国民皆保険制度」が実現しています。

**図表1—20　職業・年齢に応じた医療保険制度**

| | 制　度 | | 被　保　険　者 | 保　険　者 |
|---|---|---|---|---|
| 被用者保険 | 健康保険 | 組合管掌健康保険 | 健康保険組合のある民間企業の従業員 | 健康保険組合 |
| | | 全国健康保険協会管掌健康保険 | 健康保険組合のない民間企業の従業員 | 全国健康保険協会 |
| | 船員保険（疾病部門） | | 船員として船舶所有者に使用される人 | 全国健康保険協会 |
| | 共済組合（短期給付） | | 国家公務員、地方公務員、私立学校の教職員 | 各種共済組合 |
| 地域保険 | 国民健康保険 | | 自営業者等 | 都道府県・市町村（※） |
| | | | 医師、建設業など、同種同業による組合員とその世帯に属する人 | 国民健康保険組合 |
| 高齢者医療 | 後期高齢者医療制度 | | 75歳以上の人および65〜74歳で一定の障害の状態にあることにつき後期高齢者医療広域連合の認定を受けた人 | 後期高齢者医療広域連合 |

※　2018（平成30）年4月から、保険者は従来の市町村単独から「都道府県および市町村」となっています。それぞれの役割分担は以下のとおりです。
　　・都道府県……財政運営の責任主体
　　・市町村………従来の窓口業務（資格管理、保険料の賦課・徴収、給付の決定等）

## 2　医療保険制度の体系

### (1)　被用者保険

　被用者保険は、一般の被用者（労働者）を対象とする健康保険と、特定の職種の被用者を対象とする保険（船員保険、国家公務員共済組合、地方公務員等共済組合、日本私立学校振興・共済事業団）に分けられます。さらに健康保険については、一般に中小企業を中心とした全国健康保険協会管掌健康保険と、大企業を中心とした組合管掌健康保険に分かれます。

　被用者保険の特徴は、負担の面では、保険料に事業主負担があり、原則的に労使折半であること、給付の面では傷病手当金、出産手当金といった休業補償が設定されている点です。

　以上のように被用者保険制度として、健康保険、共済組合、船員保険がありますが、もっとも加入者が多いのが健康保険です。健康保険は、民間の事業所で働く人とその扶養家族を対象に、病気やけがを主な保険事故として、全国健康保険協会または健康保険組合が保険者となって運営されています。ただし、業務上または通勤災害による病気やけがは、給付の対象とはならず、国の労災保険（労働者災害補償保険）でカバーされています。

### (2)　国民健康保険

　国民健康保険は、地域住民を対象として都道府県及び市町村を保険者とする国民健康保険と、医師、弁護士、理容師・美容師といった自営業者などの職種別の国民健康保険組合で構成されています。

　地域保険である国民健康保険の保険料は全額自己負担で、休業補償はありません。ただ

し国民健康保険組合の場合においては、休業補償の実施をしている組合もあります。

### (3) 後期高齢者医療制度

　従来の老人保健制度に代わるものとして、2008（平成20）年4月から導入されたのが、後期高齢者医療制度です。75歳以上の人または65〜74歳の人のうち、寝たきりなどの一定の障害の状態にある人の医療は、高齢者医療確保法のもとで、独立した医療保険制度として、都道府県単位で実施されています。

## 3　保険診療の仕組み

### (1) 保険医療機関

　保険医療機関とは、厚生労働大臣（実務は地方厚生局長）から指定を受けた病院・診療所のことで、被保険者証を提示することによって、病気やけがに対する医療等の給付を受けることができます。

　患者に提供できる診療・投薬・検査・注射などの医療行為の内容・範囲は、診療報酬にあらかじめ定められており、これをもとに医療サービスが提供されます。

### (2) 診療報酬

　処置、手術、看護などの医療行為ごとの価格は、診療報酬点数表において点数（1点10円）により規定されています。保険医療機関は、患者に提供した医療サービスの内容を点数化し、審査支払機関を経由して保険者に請求し、その対価としての診療報酬を受け取ります（図表1—21）。

　現在、日本においては医療行為ごとに診療報酬の点数を合算して請求する出来高払い制を基本としていますが、診療内容に関わらず、一定の額を支払う定額払い（包括払い）制が医療保険制度改革により拡大傾向にあります。

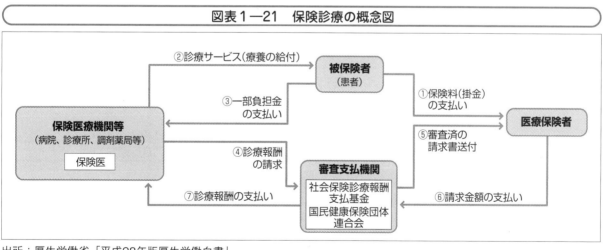

**図表1—21　保険診療の概念図**

出所：厚生労働省「平成28年版厚生労働白書」

## 4　保険給付（現金給付と現物給付）

　ここでは、被用者保険については、加入者がもっとも多く、被用者保険制度として代表的な健康保険を中心に説明していきます。

　病気・けが・出産・死亡という保険事故が起きた場合、被保険者とその扶養家族に対して保険給付（図表1―22・図表1―23）がされますが、その方式には大きく現金給付と現物給付があります。

　現金給付とは、文字どおり金銭をもって保険給付が行われるもので、健康保険における出産手当金や傷病手当金などがこれにあたります。

　一方、現物給付とは、治療などの行為やサービスそのものをもって保険給付が行われるものです。健康保険を例にとると、被保険者とその扶養家族が医療機関（病院・診療所）で治療行為を受けた場合、原則として治療に要した費用の3割（これを自己負担割合といいます）を支払います。つまり、残りの7割は治療行為という現物で支給されるということです。なお7割の費用については、健康保険の保険者（全国健康保険協会・健康保険組合）から医療機関に対して支払われることになります。

### 図表1―22　給付の種類（健康保険）

| 区　　分 | | 給付の種類（被保険者） |
|---|---|---|
| 病気やけがをしたとき | 医療機関で治療を受けるとき | 療養の給付<br>療養費<br>入院時食事療養費<br>入院時生活療養費<br>保険外併用療養費<br>高額療養費<br>高額介護合算療養費<br>訪問看護療養費 |
| | 医療機関に移送されたとき | 移送費 |
| | 療養のために休んだとき | 傷病手当金 |
| 出産したとき | | 出産育児一時金<br>出産手当金 |
| 死亡したとき | | 埋葬料 |

　国民健康保険についても、給付の内容はほぼ同じです。ただし、国民健康保険では、加入単位が世帯単位のため、被扶養者という概念はなく、一人ひとりが被保険者となります。

### 図表1―23　被保険者への給付の種類（2023（令和5）年10月現在）

| | |
|---|---|
| 療 養 の 給 付 | 健康保険を扱う医療機関（病院・診療所）に被保険者証を提示することにより、必要な医療が受けられます。なお、正常な妊娠・出産など病気とみなされないものや、健康診断や予防接種などは給付の対象外です。 |
| 療 養 費 | やむを得ない事情で保険医療機関ではない機関にかかったときや被保険者証を持っていないとき、国外で医療を受けたときに、保険診療を受けた場合に準じた療養費が支給されます。 |
| 入院時食事療養費 | 保険医療機関に入院し、食事療養を受けたとき、標準負担額を差し引いた額を現物給付します。 |
| 入院時生活療養費 | 65歳以上の被保険者が療養病床に入院し、生活療養を受けたとき、標準負担額を差し引いた額を現物給付します。 |

| 保険外併用療養費 | 評価療養（将来的に保険給付の対象とするか否かの評価対象とする高度先進医療等）または選定療養（差額ベッド等）を受けたときに支給されます。 |
|---|---|
| 訪問看護療養費 | 傷病のため、在宅で継続療養する必要があると医師が認めた患者に、訪問看護ステーションによって訪問看護が行われ、訪問看護療養費が現物給付されます。 |
| 移　送　費 | 傷病のために移動が困難な被保険者が、医師の指示で一時的・緊急的必要があり移送された場合に支給されます。 |
| 傷病手当金 | 被保険者が療養のために仕事を休み給料の支払いを受けなかった場合に、休職1日につき標準報酬日額の3分の2が支給されます。支給期間は1年6か月を限度としています。（連続して3日間休んだうえで、4日目以降が対象） |
| 出産育児一時金 | 被保険者が出産をしたとき、1児につき50万円（産科医療補償制度に未加入の医療機関等における出産では1万2千円減額）が支給されます。 |
| 出産手当金 | 被保険者が出産のため休業し、給料を受けられなかった場合に、出産日以前42日から出産日後56日までの期間、休職1日につき標準報酬日額の3分の2が支給されます。 |
| 埋　葬　料 | 被保険者が死亡したときは、埋葬を行った家族に対し、5万円が支給されます。 |

## 5　高額療養費

　医療費の家計負担が重くならないよう、医療機関や薬局の窓口で支払う自己負担額が、1か月単位で一定額を超えた場合に、その超えた金額を支給する高額療養費制度があります。これまでの高額療養費制度では、入院の場合において保険者が発行した「認定証（限度額適用認定証）」などの提示により、窓口での支払いを自己負担限度額までにとどめることが可能でしたが、外来診療では窓口負担が限度額を超えた場合でも、一旦全額を支払い、後で払い戻しをしていました。

　2012（平成24）年4月1日からは、外来診療についても「認定証」を提示すれば、自己負担限度額を超える分を窓口で支払う必要はなくなりました。ただし「認定証」の提示がない場合には、従来どおり、一旦全額を支払うこととなります。

　なお、70歳以上の人については、高齢受給者証や後期高齢者医療被保険者証を提示すれば、自動的に限度額の範囲内でしか自己負担はありませんので、低所得者に対する自己負担の減免を受ける以外では、事前の手続きは不要です。

　また2023（令和5）年4月より、マイナンバーカードの健康保険証利用対応の医療機関では、情報提供に同意することで「認定証」の提示が不要となっています。

## 6　高額介護合算療養費

　毎年8月からの1年間にかかった医療保険と介護保険の自己負担額の合計額が規定の限度額を超えたとき、支払った自己負担額と限度額との差額を、申請により後日支給する制度です。

　高額療養費制度が月を単位として負担を軽減するのに対し、高額医療・高額介護合算療養費は、月を単位とした負担軽減があっても、なお重い負担が残る場合に年単位でその負担を軽減する制度です。

### 7　医療費の自己負担（2018（平成30）年4月現在）

　病気やけがにより医療機関で必要な治療を受けた場合には、医療機関の窓口において診療費の一部を負担します。現役世代の負担割合はすべて3割で、義務教育就学前までは2割、70〜74歳も2割ですが（※）、現役並み所得者は3割となっています（図表1—24）。

　※2014（平成26）年4月以降70歳になった人からが対象。

　また、重い病気などで病院等に長期入院したり、治療が長引いたりした場合で医療費の自己負担が高額になる場合には、一定の金額（自己負担限度額は所得により異なる）を超えた分が払い戻される高額療養費制度があります。

#### 図表1—24　自己負担割合（2018（平成30）年4月現在）

| 健康保険 | 義務教育就学前 | 被保険者（本人） | 被扶養者（家族） | 70〜74歳 | 後期高齢者医療75歳以上 |
|---|---|---|---|---|---|
| | 2割 | 3割 | 3割 | ※2割（現役並み所得者は3割） | 1割（現役並み所得者は3割） |
| 国民健康保険 | 義務教育就学前 | 義務教育就学後〜69歳 | | 70〜74歳 | |
| | 2割 | 3割 | | ※2割（現役並み所得者は3割） | |

## Ⅱ　後期高齢者医療制度の概要

　高齢化の進行に伴い老人医療費が増大するなかで、国民皆保険（こくみんかいほけん）を堅持（けんじ）し、将来にわたり医療保険制度を持続可能なものとするため、2008（平成20）年4月より、新たな高齢者医療制度として、後期高齢者医療（こうきこうれいしゃいりょうせいど）制度が創設されました（図表1—25）。

① 保険者

　保険者として、都道府県の区域ごとに全市町村が加入する公法人の後期高齢者医療広域連合（広域連合）が設立され、保険料の決定、医療費支給などの事務を行っています。なお、財政運営は広域連合が、保険料の徴収は市町村が行うこととなっています。

② 被保険者

　被保険者は、広域連合（こういきれんごう）の区域内に住所を有する75歳以上の人および65〜74歳で寝たきりなど一定の障害があると広域連合が認めた人です。

③ 保険料

　保険料は所得に応じて負担する「所得割額」と被保険者が均等（きんとう）に負担する「均等割額」の合計となり、被保険者一人ひとりが負担します。年額18万円以上の年金受給者は、原則として、年金からの天引き（特別徴収（とくべつちょうしゅう））となります。それ以外の人は、口座振替（こうざふりかえ）や銀行振込などによって納めることとなります。

④ 保険給付

　給付は、他の医療保険制度とほぼ同じ内容で、療養の給付、療養費、入院時食事療養費、入院時生活療養費、保険外併用療養費、訪問看護療養費、移送費、高額療養費および高額介護合算療養費、特別療養費などがあります。

⑤　財　源

　財源は、患者負担を除き、公費（約5割）、現役世代からの支援金（約4割）、被保険者の保険料（1割）となります。公費の内訳は、国：都道府県：市町村＝4：1：1の割合となります。

**図表1─25　後期高齢者医療制度の運営の仕組み（令和5年度）**
**〜全市町村が加入する広域連合〜**

＜対象者数＞
75歳以上の高齢者　約1970万人

＜後期高齢者医療費＞
19.2兆円（令和5年度予算ベース）
給付費　17.7兆円／患者負担　1.6兆円

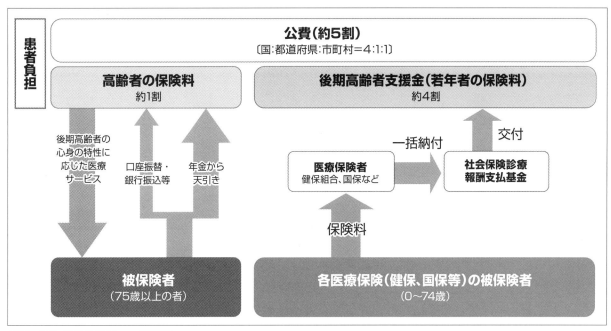

出所：厚生労働省資料　一部改変

⑥　その他

　老人保健法を改正した高齢者医療確保法は、広域連合に「健康教育、健康相談、健康診査（中略）その他の被保険者の健康の保持増進のために必要な事業を行うように努めなければならない」とし、それに基づく保健事業が行われています。

◎国民皆保険制度　　◎健康保険　　◎国民健康保険
◎後期高齢者医療

（執筆：君和田豊）

# 5　年金保険制度の概要

　　　　日本の年金保険制度は、自営業者や無業者を含め、国民すべてが国民年金制度に加入し、基礎年金給付を受けるという国民皆年金の仕組みとなっていることが大きな特徴です。そのうえで、民間企業の会社員等が加入する厚生年金制度は、基礎年金給付の上乗せの2階部分として給付する制度となっています。
　　ここでは、
　　① 年金保険の種類
　　② 年金の給付の内容
について理解してください。

## Ⅰ 年金保険制度の概要

### 1　日本の年金保険制度

#### (1)　年金保険制度の歴史

　日本の年金制度は、戦前の軍人や官吏のための恩給制度を源流として始まりました。戦後は戦前からの厚生年金保険や船員保険を引き継ぐ形で発展し、私学共済、農林漁業団体共済などのように、職域ごとに年金制度が制定されていきました。公務員については戦前の恩給制度等や各自治体の退職年金条例を見直す形で、国家公務員共済組合や地方公務員等共済組合がそれぞれ成立していました。

　日本の公的年金制度は1959（昭和34）年に、自営業者等を対象とした国民年金法が成立したことにより、1961（昭和36）年から国民皆年金体制となり、制度の充実が図られてきました。

　しかしながら、その後の産業構造の変化等により財政基盤が不安定になったことや、加入している制度により、給付と負担の両面で格差が生じていたことから、国民年金制度については、全国民共通の基礎年金制度を導入する大改正を行い、1986（昭和61）年に実施されました。

#### (2)　年金保険制度の概要

　年金保険制度は、20歳以上60歳未満のすべての人が加入する全国民共通の国民年金（1階部分の基礎年金）と、被用者を対象とする厚生年金（2階部分の報酬比例の年金）から成り立っています。なお以前は、公務員や私立学校で働く教職員は各種共済年金制度に加入していましたが、2015（平成27）年10月より厚生年金へ加入することとなりました。

　被用者を対象とする年金のうち、いわゆる3階部分にあたる制度としては、厚生年金に

は厚生年金基金などの企業年金、国民年金の第1号被保険者には国民年金基金などがあります（図表1—26）。また、希望する者はiDeCo（個人型確定拠出年金）に任意に加入することもできます。

**図表1—26　年金保険制度の体系図**

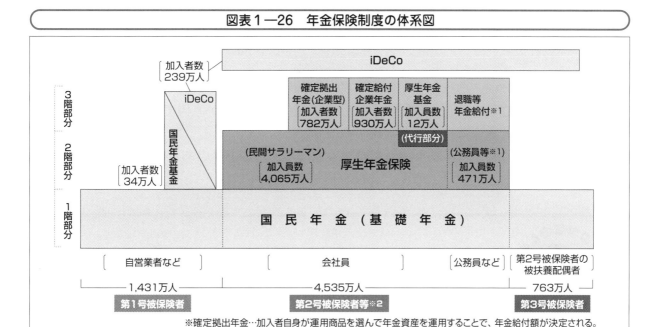

出所：令和5年厚生労働白書

## 2　年金保険の内容と給付

### (1)　国民年金の給付

国民年金の給付には、全被保険者に共通する老齢・障害・遺族基礎年金と、第1号被保険者への独自給付があります。

① 老齢基礎年金

老齢基礎年金は、原則として10年の受給資格期間を満了した人が65歳になった時から受給できます。受給資格期間とは、保険料納付済期間に、保険料免除期間と合算対象期間を含めたものです。

② 障害基礎年金

障害基礎年金は1級・2級の障害者に支給されます。障害の程度は、政令によって定められています。

③ 遺族基礎年金

遺族基礎年金は、死亡した人によって生計を維持されていた、子のある配偶者、もしくは子に支給される年金です。

### (2)　厚生年金の給付

① 老齢厚生年金

老齢厚生年金は、厚生年金の被保険者期間（1か月以上）がある人で、老齢基礎年金の受給資格を満たした人に対し、原則として65歳から老齢基礎年金に上乗せして支給されます。

② 障害厚生年金・障害手当金

障害厚生年金は、厚生年金の被保険者期間中に初診日のある病気やけがで、障害認定日において障害等級の1級・2級に認定された場合に、障害基礎年金に上乗せする形で支給されます。また、障害基礎年金に該当しない3級の障害や3級より軽い障害に対しても、厚生年金の独自給付として、3級の障害厚生年金、障害手当金（一時金）が支給されます。

③ 遺族厚生年金

遺族厚生年金は、厚生年金の被保険者・老齢厚生年金や1級・2級の障害厚生年金の受給権者が死亡したとき、被保険者期間中に発生した傷病が原因で、初診日から5年以内に死亡したときなどに遺族に支給されます。

遺族の範囲は、遺族基礎年金の支給対象範囲である、①子のある配偶者、②子に加え、③子のない妻、④55歳以上の夫、父母、祖父母、⑤孫です。

◎国民皆年金体制　　◎国民年金（基礎年金）　　◎厚生年金

（執筆：君和田豊）

# 1　高齢者の服薬と留意点

　　　　介護保険を利用して在宅で生活している高齢者のほとんどに高血圧症などの慢性疾患があり、薬剤治療を受けています。慢性疾患の薬物療法は、継続することが大切です。
　　　ここでは、
　　　① 　薬剤の服用とその観察
　　　② 　薬剤の副作用
　　　③ 　薬の種類に合わせた与薬の方法
　　　④ 　医師や薬剤師との連携についての知識、管理
　　　を理解し、正しい服薬方法を身につけましょう。

## Ⅰ　介護職員による服薬介助

　利用者への軟膏の塗布（褥瘡の処置を除きます）、湿布の貼付、点眼、一包化された内服薬（舌下錠の使用を含みます）、肛門からの座薬の挿入または鼻腔粘膜への薬剤噴霧の介助は、介護職員が行ってもよい行為となっています。ただし、利用者の状態が次の条件を満たしていることが条件です。

　・医師、歯科医師または看護職員の確認があること
　・本人または家族の依頼があること
　・医師の処方せんにより、薬剤師が処方した処方薬であること
　　さらに利用者の条件として、
　① 　利用者が入院・入所して治療する必要がなく容態が安定していること
　② 　副作用の危険性や投与量の調整等のため、医師または看護職員による連続的な容態の経過観察が必要でないこと
　③ 　内服薬は誤嚥の可能性、座薬は肛門からの出血の可能性など、当該医薬品の使用の方法そのものについて専門的な配慮が必要でないことがあげられます。

　つまり、介護職員が利用者へ薬に関する介助をする場合は、どのような薬であっても市販薬ではなく医師の処方した薬であること、本人や家族からの依頼があること、医師または看護職員の指導があることなどを遵守したうえで行うことを理解していなければなりません。

　したがって、介護職員は利用者がどのような治療を受け、どのような処方を受けているのかなどを把握しておくことが必要です（第4章—2「2　経管栄養、吸引、吸入、浣腸など」の参考資料1を参照）。

## 1　薬剤の服用と観察

### (1)　与薬方法

　与薬には、経口、直腸、経皮、粘膜（鼻腔・眼）、舌下から行うものや、注射、吸入などさまざまな方法があり、これらは医療行為にあたります（図表2−1）。介護職員が行ってはならない行為ですが、薬の知識や与薬方法について理解しておくとよいでしょう。

図表2−1　与薬方法

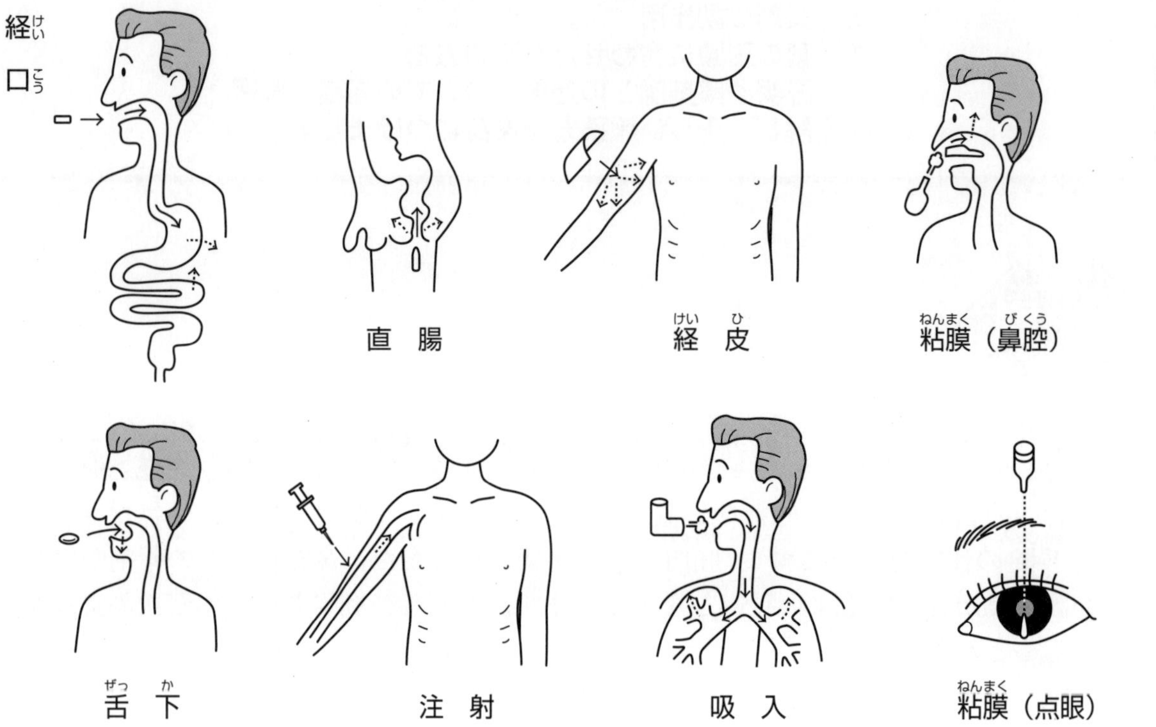

経口

直腸　　　経皮　　　粘膜（鼻腔）

舌下　　　注射　　　吸入　　　粘膜（点眼）

### (2)　薬の吸収

　経口与薬は、薬を口から飲む方法であり、消化管で吸収されます。吸収された薬は血液によって運ばれ、どの薬も必ず門脈（胃、腸、膵臓、胆のうや脾臓からの静脈血を肝臓につなげる太い静脈）を通って肝臓に運ばれます。そして、肝臓で化学変化を受けて代謝され、血液によって心臓や肺、脳など体全体のさまざまな組織に運ばれ、いろいろな作用を発揮します。その後、あるものは腎臓から体外へ排泄され、あるものは再び肝臓に戻り、また化学変化を受けながら徐々に体外に出ていきます。

　舌下からの与薬は、噛んだり飲みこんだりせず、舌の下に薬を置き自然に溶けるのを待つものです。ニトロ等舌下の粘膜から吸収されて血管を通って直接心臓や肺、脳などの組織へ運ばれ、その後は経口与薬と同じように腎臓から排泄されたり、肝臓で肝細胞に取り込まれて代謝を受けたりします。経口投与との大きな違いは、肝臓での代謝を受ける前に体全体の組織に運ばれ、効果の発現も早いということです。静脈注射なども同じです。

　座薬は肛門や膣へ入れて、局所の粘膜から吸収させます。

### (3)　薬の服用時間

　薬は飲む人の状態に合わせて、1回に飲む量や時間が指示されています。期待どおりに薬の効果をあげるためには、指示された用量と用法を守る必要があります（図表2−2）。

在宅においては、介護職員は利用者が指示された薬の服用をしているのか観察する役割があります。

もし、指示どおりに服用していない場合は、原因を探り（例えば、昼近くに起きたので朝の薬を飲まなかった）、ほかの職種へ連絡をすることが必要です。

**図表2−2　薬の服用時間**

| 用　　法 | 服用時間 |
|---|---|
| 食　　後 | 食後30分くらいに服用するのが一般的です |
| 食 直 後 | 食後すぐ服用します |
| 食　　前 | 一般に食事の30〜60分前に服用するとされています |
| 食 直 前 | 食事を始める少し前に服用します |
| 食　　間 | 食後2時間くらいに服用するのが一般的です |
| 就 寝 前 | 寝る前に服用します |
| 頓　　服 | 発熱など、現在ある症状を改善するために、必要なときに服用します |

### (4)　薬の保管

薬には有効期間があります。医師に処方されているものは、指示された日までに飲み切るようにしますが、市販薬には有効期間が表示されています。

薬の保管の方法には、冷蔵保存と室内保存があります。内服薬は室内保存でよいのですが、水薬や座薬は冷蔵保存が適しています。

抗生物質、消炎解熱鎮痛剤、向精神薬、鎮痙剤、麻薬など多種類があるので、どのような薬であるかを明確に区別して保存しておきます。

## 2　薬剤の副作用

医師から処方箋をもらってきた人が薬局で薬剤師に、「この薬の副作用は心配ありませんか」、「副作用のない薬が欲しいのですが」などと言っている姿を見かけることがあります。薬剤師は、医師が処方した薬について、回数や量などの用法や薬の効果、注意事項が記載されている用紙を渡して説明をしてくれます。介護職員は利用者がどのような薬を服用しているのか、薬の服用によって普段と違った様子はないかを観察して、それに気づくことが大切です。

副作用の発現は、服用後数時間から数日後に現れる場合と、数か月して現れる場合があります。症状も、めまい、口渇、血圧低下、顔面紅潮、悪心・嘔吐、食欲不振、便秘、発疹、じん麻疹などさまざまです。医師の診察を受けたときや薬剤師から薬をもらうときは、副作用に関する情報を得ておきましょう。「いつもと違う」と感じた場合は全身を観察し、医師や看護師へ連絡するようにします。

## 3　多く飲まれている薬と注意事項

### (1)　薬への関心

内服薬の種類を知っていても、薬品名を覚えるのは大変困難です。薬品名には同じ薬で

も日本薬局方名（成分名）と各製薬会社が製造した医薬品の商品名（一般名）とがあり、薬の種類も莫大にあります。一般的にどのような薬があるか、自己の体験からも医師の処方する薬に対して関心を持ちましょう。

　現在では、薬局で処方された薬の薬品名や副作用を記述してある手帳（「おくすり手帳」等）もありますので、日頃から目を通す習慣を身につけましょう。介護職員が生活のなかで関心がなければ介護を受ける人の薬について意図的に観察することはできません。一般的に処方される薬の種類は、次のものが考えられます。

　風邪薬、降圧剤、心臓病の薬、脂質異常症（高脂血症）治療薬、糖尿病治療薬、痛風治療薬、脳循環代謝治療薬、抗がん剤、睡眠剤、下剤　等

### (2) 薬の剤型

　薬にはいろいろな剤型があります。内服薬は口から飲む薬で、散剤、顆粒剤、錠剤、カプセル剤、液剤などがあります。外用薬は肛門や目、鼻、耳、皮膚に使用し、座薬、点眼薬、点鼻薬、点耳薬、貼付薬、吸入薬・スプレー薬、軟膏などがあります。

　介護職員が行ってもよい与薬については、正しい介助方法を知って利用者が適切に治療を継続できるように見守り、支援する必要があります。

## Ⅱ 高齢者の服薬

### 1 高齢者に対する薬

#### (1) 効果を高める薬の飲み方

① 薬は、必ずコップ1杯くらいの水や白湯と一緒に飲みます。高齢者は、口の中が乾燥していることが多く、水なしや少しの水で飲んだ場合、薬が食道の途中に付着してそこに潰瘍ができることがあります。

　　また、十分に水を飲むことにより、胃の中で薬をすみやかに溶かし吸収をよくすることができます。

② 食間や食後に飲む薬があるにも関わらず都合により食事をしなかった場合、基本的には食事に関係なく薬は飲んだほうがよいといわれています。

　　ただし、糖尿病の薬は食事をせずに服用すると低血糖症状を起こしますので食事をすることを優先しましょう。

③ 飲み忘れに気がつき、次に飲む時間まで4時間くらいあるときには、忘れた1回分をすぐに飲みます。2時間くらいしかないときは飲まないでおきます。

　　飲み忘れたからといって一度に2回分飲むことは避けてください。また、忘れてしまったことを責めるのではなく、次回から指示どおりに飲むように配慮しましょう。しかし、医師や薬剤師から、「とくに忘れずに飲むように」という指示があった薬の飲み忘れの場合は、すぐに医師や薬剤師に連絡し、その後の指示を受けます。

④ 間違って一度に2、3回分を服用した場合は、高齢者は後述するように肝細胞での代謝や腎臓機能の低下、排泄機能の低下、薬が体内へ蓄積し、効果の現れ方が違ってきますので、医師や薬剤師に相談したほうがよいでしょう。

⑤ 苦い粉薬で飲みにくく、むせる原因になっている場合は、オブラートで包んで飲んで

もらいます。オブラートに粉薬を入れ、包んだ先端を水につけて密着させ、水に浮かせて、水と一緒に飲みます。

### (2) 座薬の挿入方法

座薬の先端に潤滑油（市販薬のワセリンなど）を塗り、親指と中指で支えて肛門に静かに差し込みます。腹筋の緊張を取り除いて確実に挿入するために側臥位（横向き）にします。

挿入時は口呼吸をしてもらい、座薬を4cm以上挿入します。直腸膨大部のところまで届かず、肛門管の途中までしか挿入できないと腹圧で座薬が出てきますので、肛門部をしばらく押さえておきます（図表2-3）。

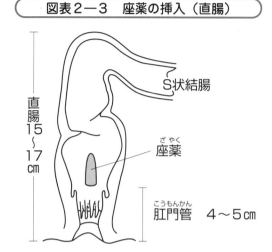

図表2-3 座薬の挿入（直腸）

- S状結腸
- 直腸15〜17cm
- 座薬
- 肛門管 4〜5cm

### (3) 点眼の方法

高齢者は、白内障や緑内障で点眼薬を使用している人が多く、複数の点眼薬を日常、頻繁に使用していますが、知識不足や安易な考えから注意事項が守られていないことがあります。一般的に薬剤の効果を得るのに必要な点眼量は1滴でよく、それ以上点眼しても、5分以内は眼の粘膜に次の薬剤は取り込まれないといわれています。

点眼薬は、引き下げた下まぶたに薬液を1滴滴下します。このとき、容器が目に触れないようにします。鼻涙管へ流れるのを防ぐため、点眼後はまばたきをせず、1分間ほど静かに閉眼したり、目頭の部分を軽く圧迫します。

### (4) 貼付薬

身体に貼り、皮膚から吸収させるものです。かぶれやその他の副作用が現れた場合は剥がし、医療職に報告します。

### (5) 吸入薬・スプレー薬

吸入薬は、吸い込んで肺や気管支などに直接、薬を行きわたらせるものです。喘息の治療によく使われます。スプレー薬は口の中に噴霧して、粘膜から吸収させます。最近では、狭心症の発作を抑えるために舌下に噴霧するものがあります。

## 2 高齢者に特有の副作用

高齢者は、加齢とともに臓器の機能が低下していきます。例えば、胃酸の分泌量の低下により、腸の血量や栄養吸収面積、胃や腸管の運動が低下します。

また、肝血流量は、25歳時に比べて65歳で40〜45％に低下するといわれており、加齢に伴い肝細胞が減少し、解毒作用も低下するため、吸収される量や吸収速度はともに低下し、薬剤の体内蓄積がみられるようになります。

したがって、薬の効果の発現までの時間が遅れることになります。

### 3　高齢者の服薬と注意事項

　薬は「使い方を間違うと毒にもなる」といわれているように、その使用に際しては注意が必要です。

　とくに、高齢者の病気については特徴があるように、服薬（ふくやく）にも注意する点があります。前述の内容はもちろんのこと、加齢によって手指の機能の低下、視力の低下などから小さな錠剤（じょう）やカプセルが見えにくかったり、色の区別がしにくかったりします。また、味覚（みかく）や嗅覚（きゅうかく）も鈍化（どんか）し、食事が不規則になって、食後の服用を忘れるなど、悪循環を起こします。聴力の障害があって薬の飲み方の説明が聞き取れなかったりして、誤った飲み方をすることもあります。介護職員が一緒に診察（しんさつ）に行った際は、処方（しょほう）された薬について、用法や用量、注意事項をよく聞いておきます。

　介護職員は、一部の医行為や服薬指導はできませんが、介護を受けている人と一番よく接していて、異常を早期に発見できる立場にありますので、よく観察するようにします。同時に、その人に合った服薬方法の援助が必要です。

今後の学習のための **キーワード**

◎吸収　　◎排泄　　◎服用時間　　◎体内蓄積

◎服薬方法　　◎保管

（執筆：佐藤富士子）

# 2　経管栄養、吸引、吸入、浣腸など

学習の　手引き

　病院での入院期間が短縮され、胃ろう挿入、留置カテーテルの挿入、中心静脈カテーテルの挿入、気管カニューレ挿入、ストーマ（人工排泄口）の造設など、在宅においても医療処置を行っている人が増加しました。

　医療処置がどのように行われているのか、医療器具の取り扱いはどのようにするか、何を観察しなければならないかなどについて、利用者ともっとも接する機会の多い介護職員は知識として持っていることが必要です。

　また、従来、「医療行為」とされていたもののうち、一定の条件のもとで介護職員が行うことのできるとされているものがあります（第4章—2「2　経管栄養、吸引、吸入、浣腸など」の参考資料1・2・3を参照）ので、正しい知識と技術を身につけることが必要です。

　ここでは、経管栄養による栄養管理、吸引、吸入（ネブライザー）、浣腸、摘便、ストーマ、褥瘡の予防と処置など
　① 医療処置の目的と方法
　② 医療処置を行っている人の介護
について理解してください。

解　説

　社会福祉士及び介護福祉士法の改正に伴い、2012（平成24）年度から介護福祉士および一定の研修を受けた介護職員等による「痰の吸引・経管栄養」が一定の条件下で認められることになりました（第4章—2「2　経管栄養、吸引、吸入、浣腸など」の参考資料2・3を参照）。知識・技術を持つことも大切ですが、法令を遵守し、安全に実施することが求められる行為です。

　また、今後さらに医療的なニーズが高まることが見込まれます。介護現場におけるニーズを踏まえ、介護職ができる行為・してはならない行為を正しく理解し、関連法令についても関心を向け、医療職との連携を密に行う必要があります。

## I　経管栄養による栄養管理

　経管栄養には、鼻からチューブを入れる方法（経鼻経管栄養）と、お腹の皮膚に穴を開け、直接胃や腸までチューブを通す方法（胃ろう、腸ろう）があります（図表2—4）。食道の通過障害（食道がん等）や意識障害などの原因により、経口摂取ができない人、または経口摂取を続けることが著しく困難な人に行います。ここでは、胃ろう造設術（PEG）で「ろう孔」にカテーテルを挿入している人への「栄養剤の注入」について説明します。

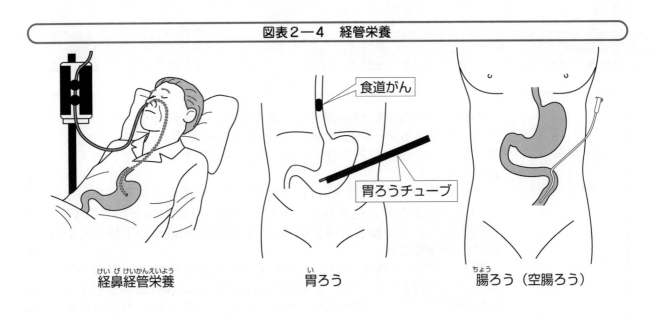

図表2－4　経管栄養

経鼻経管栄養（けい び けいかんえいよう）

胃ろう（い）

食道がん

胃ろうチューブ

腸ろう（空腸ろう）（ちょう）

## 1　目　的

　何らかの原因（認知症や脳血管疾患による脳梗塞等（のうこうそく））によって、嚥下障害による誤嚥性肺炎（えんげ）（ごえん）が頻繁（ひんぱん）に起こっている利用者に対して、経口的（けいこう）に摂取できない場合に流動物（りゅうどうぶつ）を注入することです。胃ろうには、ボタンタイプのものとカテーテルタイプのものがあり、胃側から見ると風船様のバルーン型のものとシリコン状のバンパー型のものがあります（図表2－5）。医療職と連携をとり、利用者にどのような種類のものが挿入（そうにゅう）されているのか把握（は あく）しておきましょう。

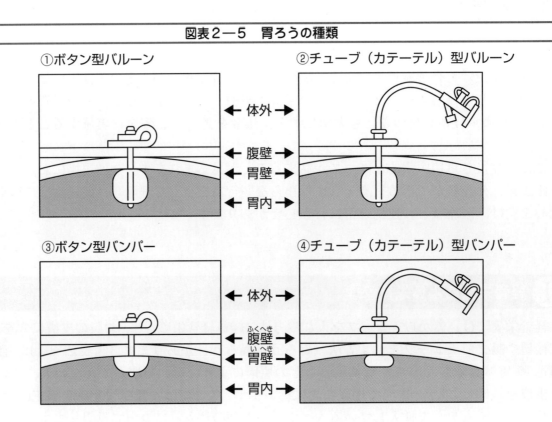

図表2－5　胃ろうの種類

①ボタン型バルーン

②チューブ（カテーテル）型バルーン

体外

腹壁

胃壁

胃内

③ボタン型バンパー

④チューブ（カテーテル）型バンパー

体外

腹壁（ふくへき）

胃壁（い へき）

胃内

第4章－2

2　経管栄養、吸引、吸入、浣腸など

## 2 方 法

① 必要な物品を準備します。
   ・ 栄養剤（40℃程度に温めておく）
   ・ イリゲーター（経腸栄養バッグ）
   ・ 白湯（さゆ）
   ・ 注入器（シリンダ）

② 利用者にこれから食事を始めることを伝えます。

③ 胃ろうの状態（びらんや肉芽（にくげ）、胃の状態など）を観察し、問題のないことを確認します。

④ イリゲーターに栄養剤を入れ、クレンメ（栄養剤の滴下速度の調節を行う部分）を開き、経腸栄養カテーテル内に栄養剤を満たし、クレンメをしっかり閉じます。そして、接続カテーテル（栄養剤注入用）に経腸栄養カテーテルを接続し、栄養剤を接続カテーテルの先まで満たします。

⑤ 胃食道逆流（いしょくどうぎゃくりゅう）や誤嚥（ごえん）を防ぐために、利用者の上半身を座位または30〜45度の半座位（はんざい）にします。

⑥ 周囲を汚さない程度に、胃ろう部を露出します。

⑦ 胃ろうボタンの蓋（ふた）を開け、接続カテーテルが外れないようにしっかりと接続します。

⑧ クレンメをゆるめ、滴下（てきか）します。滴下速度は個人によって異なります。具体的な速度は主治医等医療職の指示を受けます。目安の一例として、1時間に200ml（10秒間に10滴）程度に合わせます。

⑨ 注入中は接続部の外れがないか、嘔吐（おうと）の有無、滴下（てきか）速度が速くなったり、止まったりすることがないか、速度の確認等の見守りを行います。

⑩ 栄養剤の注入が終了したら、カテーテル内を洗い流せる程度の微温湯（約20ml）をシリンダで注入し、カテーテル内を清潔にします（図表2−6）。栄養剤や薬がカテーテル内に残った状態で放置すると、詰まって栄養剤が漏れたり、流れなかったりします。

⑪ カテーテルのキャップをしっかり閉めます。

⑫ 注入後、すぐにベッドを⑤からフラットに戻してしまうと、嘔吐（おうと）や胃食道逆流（いしょくどうぎゃくりゅう）を起こしてしまうことがあります。予防するために、必ず上半身を起こしたまま30〜60分間保つようにします。

⑬ 容器とカテーテルをよく洗います。

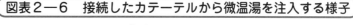

図表2−6 接続したカテーテルから微温湯を注入する様子

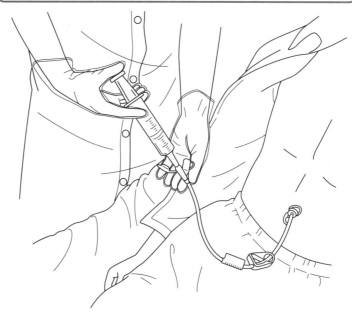

### 3　胃ろうの日常での手入れ

①　胃ろうの周囲は、毎日ガーゼや綿棒等に微温湯や生理食塩水を浸し、ろう孔の周囲に付着した汚れを拭き取り、清潔を保ちます。ただれ、かぶれ、出血、できもの、痛み、分泌物の有無について観察し、異常時は医療職へ連絡します。

②　入浴やシャワー後は水分をよく拭き取り、乾燥させます。

〈胃ろうからの栄養剤注入の記録の例〉

| 月　日 | 項　目 | 利用者の状態 | サイン |
|---|---|---|---|
| ○月○日<br>12：00 | 栄養剤の注入<br>口腔ケア | 注入時嘔吐、下痢等なし。1時間で終了。<br>口腔内は粘りの強い唾液が口蓋部分に付着している。 | 佐藤 |

### 4　留意事項

　栄養剤は、たんぱく質、ブドウ糖、脂肪などが調合されていますが、食事の楽しみの喪失から、生きがいや意欲が弱まることもあり、精神的な配慮を必要とします。また、経口摂取をしていなくても、口腔ケアは大切です。口腔内が汚れている状態では、細菌の繁殖による誤嚥性肺炎など合併症が起こりやすくなります。

## Ⅱ　吸　引

### 1　痰の吸引

　皆さんは食事のときなどに、うっかり気管に食べ物などの異物が入ったときに咳反射が起き、異物を取り除くことを経験していることと思います。これは、痰や誤嚥したものなどの気管内異物を取り除くための身体防御です。咳をすることができなければ、誤って気道に入ってしまい誤嚥性の肺炎を起こすこともあります。

　高齢者は加齢によって咳反射が低下しているため、誤嚥してもむせることがなく、食事介助の際に介護者が誤嚥を見逃すことがあります。

　また、高齢者は筋力が低下するため有効な咳が出ないことがあります。痰がからんでいるときは有効に咳が出るようであればよいのですが、うまく出すことができず、気道や咽喉内に痰がたまり気管を閉塞するようなことがあると、呼吸ができなくなります。このような場合は、痰などを人工的に除去する吸引が必要になります。

　痰の吸引は、必要なときに吸引しないと命に関わりますが、それがいつであるかをあらかじめ予測できるものでもありません。固い痰がからみ、その除去に高度な技術を必要とする場合もあります。"痰がいつもより固い"ということは、身体が発するサインであることを知識として知っておきましょう。

## 2　方　法

### (1)　口腔・鼻腔の吸引

①　吸引器を準備し、作動するか確認します。

②　介護者は手を洗います。

③　使用するカテーテルの太さは12〜14Fr（フレンチ）で、先端に孔のあるものを選択します。

④　カテーテルに圧力をかけない状態で口腔または鼻腔に静かに挿入します。
　　圧力をかけた状態でカテーテルを挿入すると、吸引したい部位に達する前に、周囲の口腔粘膜や鼻腔粘膜にカテーテルの先端が付着し粘膜を損傷することがあります。

⑤　医師の指示書を確認し、指示された吸引圧をかけ、カテーテルを回転させながら吸引します。吸引の時間は10〜15秒以内で、1回の吸引で取りきれない場合は、無理をせず呼吸を整えてから行います。吸引時は、顔色や呼吸状態などの観察をします。吸引は苦痛を伴う手段です。利用者の呼吸状態や変化を常に観察しながら行います。

⑥　吸引した痰の性状や量を観察し、さらに本人から、呼吸が楽になったかを聞いておきます。

⑦　使用したカテーテルは外側と内腔をよく洗浄し、消毒液の中に浸しておきます。

⑧　汚物の貯留しているビンをきれいに洗浄します。

⑨　粘稠性の喀痰の場合は、室内の湿度に配慮し、乾燥させないようにします。

### (2)　気管カニューレからの気管内吸引（図表2−7）

①　介護者は手を洗います。

②　吸引器の電源を入れます。

③　吸引カテーテルを取り出します。

④　医師の指示書に従った吸引圧に調整します。それ以上の圧にすると、粘膜を傷つけ出血の原因になります。

⑤　カテーテルのすべりをよくするために、カテーテルの先端20cmくらいを清潔な水で濡らし、吸引圧をかけない状態でカテーテルをカニューレ内に挿入します。

⑥　カニューレ内にある分泌物を吸引します。

⑦　吸引圧をかけます。

⑧　1回の吸引時間の目安は10〜15秒以内に行います。

⑨　吸引した痰の状態を観察し、記録します。

⑩　チューブの保管をします。

⑪　吸引前（痰のからんだような呼吸をしていないか、息苦しそうな呼吸をしていないか、手足の爪にチアノーゼはないか）と吸引後（痰の性状、量、呼吸が楽になっているか、本人も楽になっていると思っているかなど）の状態などを観察します。

⑫　日常生活では室内の空気が乾燥しないよう適度な加湿を行います。

第4章—2

2　経管栄養、吸引、吸入、浣腸など

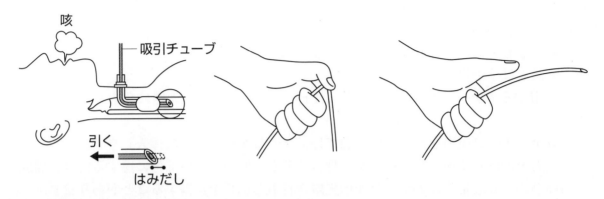

図表2—7　気管カニューレからの吸引

咳

吸引チューブ

引く

はみだし

出所：「訪問看護と介護　Vol.10、No.9　P727〜731」医学書院，2005
　　　大利英昭（都立駒込病院）

〈吸引の記録の例〉

| 月　日 | 項　目 | 利用者の状態 | サイン |
|---|---|---|---|
| ○月○日<br>17：30 | カニューレから吸引 | カニューレ部分から黄色の粘った痰が多量に吸引される。出血なし。粘った痰であることから、室内の加湿を勧めた。 | 佐藤 |

## Ⅲ　吸入（ネブライザー）

### 1　目　的

　厚生労働省の通知（第4章—2　「2　経管栄養、吸引、吸入、浣腸など」の参考資料1を参照）によれば、介護職員のできる行為は「鼻腔粘膜への薬剤噴霧」とあります。

　鼻腔壁には血管や分泌腺が多く分布し、体外から吸い込んだ空気は、適度な湿度や温度に調節され、きれいに清浄された空気として肺に送り込まれます。

　気道の粘膜は線毛を持った細胞で覆われており、気道の線毛運動などによって分泌物や異物が除かれないときに咳反射が起きます。異物は痰として喀出されます。

　高齢者は、加齢によって気道内の線毛運動や粘液分泌量が低下し、痰として喀出できなかったり、咳反射ができなかったりして気道内の粘膜に分泌物が付着し、気道を閉塞して呼吸困難などが生じることがあります。

　このような場合、吸入をすることにより、気道を加湿し、線毛運動を促したり、薬液を局所に直接作用させることをとおして、気道の浄化をすることができます。

　また、気道の痙攣や疼痛を緩和します。

(1)　ネブライザーの種類

①　超音波ネブライザー（ウルトラソニックネブライザー）は噴霧の粒子が大変小さく、肺胞まで達することができます。

②　ジェットネブライザー（コンプレッサー型ネブライザー）は粒子が大きく、主に薬液の吸入を目的に使用されています。

③ ハンドネブライザーは、上気道の加湿や排痰の目的で使用されます。粒子が大きく到達部位に制限があります。

⑵ **ネブライザーに使用される薬液**

ネブライザーは、加湿や洗浄の目的で用いられることもありますが、多くの場合は去痰薬や気管支拡張薬などの気道で作用する薬剤が用いられ、使用にあたっては医師の指示が必要です。

## 2 方法

① 体位は起座位または半座位にします。

これにより胸郭が開き、横隔膜が下がり、腹式呼吸をとりやすくなるので吸入を効果的に行うことができます。

② 器機の電源を入れてマウスピースを口にくわえてもらい、ゆっくりした腹式呼吸を行うよう、また吸気後に2～3秒止めるようにします。

これにより、噴霧粒子が肺胞まで入り、気管に付着しやすくなります。

③ 口腔内にたまった薬液は吐き出すように説明します。

④ 薬液がなくなったら電源を切り、口をすすいで口腔内を清潔にします。

⑤ 状態を観察し記録します。

⑥ ネブライザーなどと併用しながら、背部に熱布清拭するのも排痰に効果がありますので、看護職との連携を密にします。

## 3 チェックポイント

① ネブライザーを効果的に行うための工夫をします。

② 胸郭が開き深呼吸しやすい体位、施行後のうがいの励行、ゆっくりした口呼吸による吸気（吸気の最後に少し呼吸を止めます）などを行います。

## Ⅳ 浣腸

## 1 目的

浣腸とは、肛門から薬液を注入して腸壁を刺激し、腸の蠕動運動を起こして排便を促すことをいいます。

厚生労働省の通知（第4章—2「2 経管栄養、吸引、吸入、浣腸など」の参考資料1を参照）によれば、介護職員のできる行為は、「市販のディスポーザブルグリセリン浣腸器を用いて浣腸をすること」とあります。

条件として、挿入部の長さが5～6cm程度以内、グリセリン濃度50％、成人用の場合は40g程度以下、6～12歳未満の小児用の場合は20g程度以下、1～6歳未満の幼児用は10g程度以下の容量としています。

この条件を満たした市販されている浣腸液を使用することもできます。

〈浣腸の記録の例〉

| 月　日 | 項　目 | 利用者の状態 | サイン |
|---|---|---|---|
| ○月○日<br>9：30 | 30g入りの浣腸液 | 水分摂取や繊維質のある食べ物を摂取したが3日間排便がなく、本人からも浣腸の希望があり、報告後医療従事者の指示で左記施行する。硬便少量、普通便が一握り程度。本人は「すっきり」とのこと。 | 佐藤 |

## 2　方　法

① 排便がなく直腸内に宿便がある場合は、そのまま浣腸すると、薬液が漏れたり、薬液の保留ができなかったりすることがありますので、摘便後、浣腸を施行します。

② 浣腸液は40〜41℃に温めます（図表2−8）。直腸内は37.5〜38℃なので、それよりやや高めにし、直腸壁を適度に刺激して蠕動運動を促します。浣腸液の温度が低いと、腸管の毛細血管が収縮し、血圧の上昇、寒気、不快感を起こし、高温の場合は腸粘膜に炎症を起こします。準備の段階で注意します。

③ 浣腸液が直腸から下行結腸に流れやすいように左側臥位とし、膝を曲げた体位にします。

④ 浣腸器の先端を挿入する深さは、5〜6cmです。挿入が深すぎるとS状結腸への移行部を傷つけ、浅すぎると肛門括約筋を刺激して注入の途中で便意を催したりします。挿入の深さを守ることが大切です。

⑤ 挿入時には口呼吸をしてもらい、肛門括約筋の緊張を緩和して挿入を容易にします。

⑥ 急激に注入すると、排便反射を刺激して便意を催しますので、浣腸液はゆっくりと注入します。

⑦ 注入後は肛門部をペーパーやガーゼで押さえ、3〜5分は排便を我慢してもらいます。注入後すぐに排便すると、浣腸液のみが出てしまいます。高齢者で、自分で押さえられない場合には介助します。

⑧ 排便後は排泄量や性状、排便後の不快感の有無などを観察します。

### 図表2−8　浣腸の方法

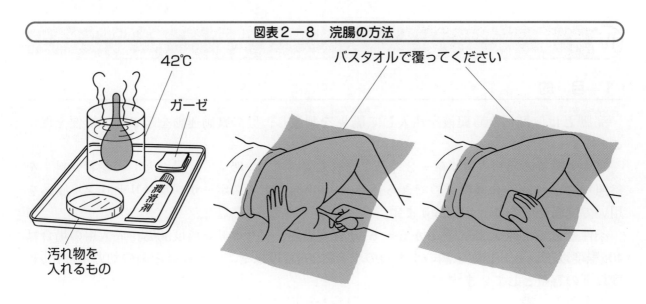

42℃

ガーゼ

潤滑剤

汚れ物を
入れるもの

バスタオルで覆ってください

## 3　チェックポイント

① 高齢者は運動量が少なかったり、水分の摂取量が不足したり、加齢による腸蠕動の低下などから便秘になる傾向があります。生活のなかでそのことを予測し、配慮したいところです。

② 高齢者は便秘になると、腹部膨満や腸以外のほかの症状が出現するため注意が必要です。

③ 高齢者の便秘への対応としては、下剤の内服、座薬の挿入、浣腸の施行があります。これらは医師が判断することですが、介護職員や看護師が日常観察した情報が重要です。

## Ⅴ　摘　便

※ 摘便については、「一定の条件のもとで、介護職員が行うことができる行為」としては現在認められていません。しかし、介護職員として関連する医療行為の知識を深めるために説明します。

## 1　目　的

排便の仕組みをみると、便は下行結腸からＳ状結腸にたまっていますが、大腸の大蠕動によって直腸内に送られます。直腸内圧が高まり便意を感じ、トイレに行って腹圧をかけて排泄します。

しかし、長時間排泄されないと、水分が徐々に吸収されて硬くなります。高齢者は腹圧をかける力が弱かったり、水分摂取量が少なかったりなどで、宿便になりやすいようです。

このような場合に、手指で直腸下部（肛門に近い部分）にある便塊を掘り出すことをしますが、この行為を摘便といいます。

## 2　方　法

① 体位は左側臥位にします。ゴム手袋をし、第２指に潤滑剤を十分につけて静かに肛門に挿入します（図表２－9）。挿入するときは口呼吸をしてもらい、肛門括約筋の緊張を緩和させます。

② 硬い便塊を一気に出そうとすると疼痛を伴うため、少しずつ指で便塊をほぐすようにかき出します。

③ 腹圧をかけることができる人には、途中で腹圧をかけるように話します。腸の

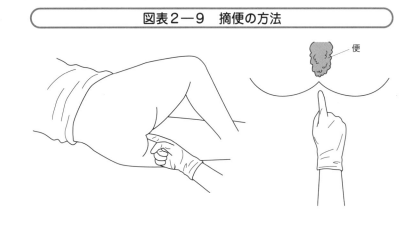

図表２－9　摘便の方法

便

走行に沿って腹部マッサージを行うと、便が直腸に下りてきて出しやすくなります。

④　便をかき出すことに集中せず、状態や訴えに注意します。

⑤　痔や肛門裂傷がある場合は疼痛、出血を伴うことがありますので、とくに注意が必要です。

## 3　チェックポイント

①　できるだけ自然排便ができるように、生理的現象をみながら援助することが大切です。

②　水分を十分に摂取し、毎日一定時間に排便を試みます。

## Ⅵ　ストーマの取り扱い

### 1　ストーマ

ストーマ装具のパウチにたまった排泄物を捨てることは、介護職員が行ってよい行為になりました。介助の方法を理解する必要があります。

ストーマとは、直腸がんや膀胱がんなどにより、臓器に機能障害を負い、腹部に造設した人工排泄口のことをいい、ストーマの保有者をオストメイトと呼びます。ストーマを持つと、便や尿が自分の意思と関係なく排泄されるため、排泄物を受ける袋

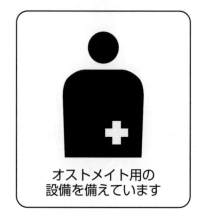

オストメイト用の
設備を備えています

オストメイト対応トイレ設置のマークです。全国の駅、高速道路のサービスエリア、県庁、市役所などの公共的施設、病院などに設備されています。

（パウチ）が必要になります。ストーマにはワンピースタイプとツーピースタイプがあります（図表2−10）。

ストーマの取り扱いは、造設した病院で本人や家族が指導を受けて退院しますが、高齢や障害によって退院後も介助が必要になる人もいます。介護職員が介助できる部分は、パウチ（ストーマ袋）にたまった排泄物を捨てることや、パウチの交換です（パウチの交換は、肌への接着面に皮膚保護機能を有していること・専門的な管理を必要としないこと等が条件になります。）。交換の際に注意する点は、パウチやフランジ（皮膚に貼り付ける部分・皮膚保護剤）を皮膚に装着する際に、皮膚の状態をよく観察し、発赤など異常がみられる場合は、医療職に報告することです。医師や看護師と密接に連携して確認することが大切です。

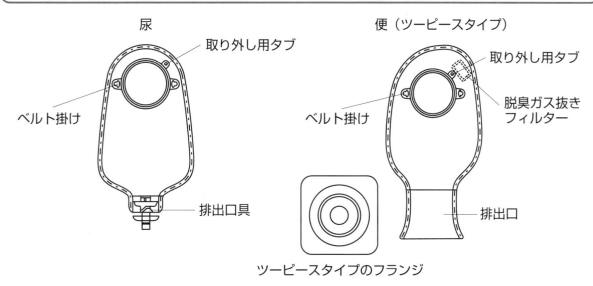

図表2－10　ストーマの種類

尿

取り外し用タブ

ベルト掛け

排出口具

便（ツーピースタイプ）

取り外し用タブ

ベルト掛け

脱臭ガス抜き
フィルター

排出口

ツーピースタイプのフランジ

## 2　方　法

① 必要な物品を準備します（新しいパウチ、小タオル、ティッシュペーパー等）。
② 医療従事者や家族あるいは本人が貼ったフランジ（面版）から排泄物の入っているパウチを外します。
③ 腹部を濡らした小タオル等で拭き、ティッシュペーパーで拭いて乾燥させます。
④ パウチを止めているクレンメを外し、排泄物をトイレに捨てます。
⑤ パウチを洗います。
⑥ フランジにパウチを正しく装着します。
⑦ 手洗いをします。

〈ストーマの記録の例〉

| 月　日 | 項　目 | 利用者の状態 | サイン |
|---|---|---|---|
| ○月○日<br>15：00 | パウチの交換 | パウチ内に軟便の排泄があり、パウチを交換する。ストーマ部分の発赤や出血はない。 | 佐藤 |

## Ⅶ　自己導尿の介助

## 1　自己導尿とは

　厚生労働省の通知（第4章－2「2　経管栄養、吸引、吸入、浣腸など」の参考資料1を参照）では、介護職員が行ってもよい行為として、「自己導尿を補助するため、カテーテルの準備、体位の保持などを行うこと」とあります。
　自己導尿は、さまざまな神経疾患によって排尿障害が起こった場合、間欠的に利用者自身が他者に依存することなく導尿できる技術です。

　　しかし、利用者自身が自らの手で体に異物を挿入する方法であり、自己管理が的確に行われていないと悪影響をもたらす行為ですので、介護職員も体位の保持や準備、実施の手順などは知っておかなければなりません。

## 2　方　法

① 利用者とともに必要な物品を準備します。利用者によって異なる物品がありますので確認が必要です。
　（滅菌カテーテル、滅菌潤滑剤、陰部消毒用綿、手指消毒用綿、尿器、汚物入れ、トイレットペーパー　等）
② 石鹸と流水で手を洗います。
③ 取りやすい位置に物品を配置し、排尿しやすい楽な体位をとります（図表2－11）。
〈女性の場合〉
・ベッド上で足を外側に向け、膝を十分曲げます。股関節を広げる体位ですので、介護職員は体位が保持できるように支持します。
・立位で行う方法もありますので、利用者が行いやすい方法を聞き、介助します。
〈男性の場合〉
・いすまたは洋式便器で、背中をそり気味にして座ります。足は、がに股ぐらいに開きますので、不安定にならないように支えます。
④ 導尿します。
・女性の場合は鏡で尿道口の位置を確認し、男性の場合はペニスを垂直に保ち尿道口を消毒します。
・カテーテルの先端が周囲に触れないように注意します。
⑤ 尿路感染（尿道炎、膀胱炎など）を起こしていないか、排尿量や尿の性状、水分摂取量や体温などの全身状態を観察し、異常な場合は医療職へ連絡します。

### 図表2－11　自己導尿

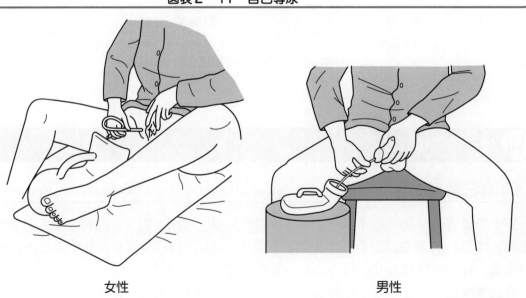

女性　　　　　　　　　　　　　　　男性

## Ⅷ 褥瘡の予防と処置

### 1 褥瘡

　褥瘡は、持続的圧迫による局所の循環障害の結果生じる皮膚および皮下組織の壊死により起こる状態です。

　血流障害の状態が持続すると、浮腫、炎症、壊死を起こし、褥瘡発生につながります。

　発生要因は、身体組織の持続的圧迫のほか、栄養・全身状態・皮膚の摩擦とズレ・湿潤・汚染など多様です。

### 2 褥瘡の予防

① 栄養状態が悪く低たんぱく血症になると、体液は血管外組織に移動し、浮腫が生じます。

　浮腫のある皮膚は損傷しやすく、感染も受けやすいといえます。たんぱく質を十分摂取できるように配慮する必要があります。

② 糖尿病や肝疾患などの原疾患がある場合は、とくに注意しましょう。

③ 失禁状態では、陰部や臀部の清潔を保つことが大切です。オムツを使用する場合は、尿が逆戻りしない高吸水ポリマーを使用したものを用います。

④ 入浴やシャワーなど温湯を使った清潔ケアは、褥瘡予防としても重要です。

⑤ 入浴やシャワーが困難な場合は、仙骨部から陰部は汗や排泄物で汚れやすいので、紙オムツを下に敷き、石鹸を使用した温湯による洗浄をします。

⑥ シーツや寝衣のしわは、摩擦やズレの原因となり、褥瘡発生の外的要因となりますので適宜しわを伸ばします。

⑦ 湿潤状態は褥瘡の発生原因となりますので、身体の清潔と寝衣・寝具の乾燥に努めます。

⑧ 褥瘡発生のリスクアセスメントスケール（目安）として、ブレーデンスケールがあります。項目は、知覚の認知（圧迫による不快感に対して適切に反応できる能力）、湿潤（皮膚が湿潤にさらされる程度）、活動性（行動の範囲）、可動性（体位を変えたり、整えたりできる能力）、栄養状態（普段の食事の摂取状況）、摩擦とズレの6項目で、程度をランクづけし点数化したものです。利用者がどのレベルかを観察し、褥瘡ができないように注意します。

⑨ 好発部位（図表2―12）に初期症状（発赤）があった場合は、マッサージなどせず、すぐ医療職に報告します。

図表2-12　褥瘡好発部位

① 仰臥位の場合

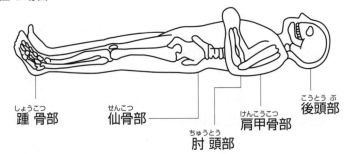

踵骨部　　仙骨部　　肘頭部　　肩甲骨部　　後頭部

② 側臥位の場合

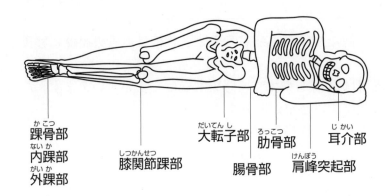

踝骨部　　膝関節踝部　　大転子部　肋骨部　耳介部
内踝部　　　　　　　　　　　腸骨部　肩峰突起部
外踝部

③ 腹臥位の場合

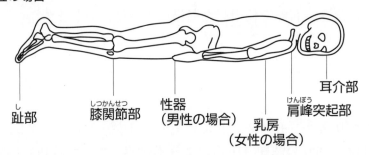

趾部　　膝関節部　性器　　　　　　乳房　　肩峰突起部
　　　　　　　　（男性の場合）　（女性の場合）　耳介部

**Ⅸ その他の処置**

**1　爪切り**

　介護職員は、爪そのものに異常（巻き爪や爪白癬などで肥厚しているような爪など）がなく、爪の周囲の皮膚にも化膿や炎症がなく、かつ、糖尿病等の疾患に伴う専門的な管理が必要でない場合に、その爪を爪切りで切ること、および爪ヤスリをかけることができます。爪の角は丸く切ると巻き爪になる恐れがあるため、指の輪郭に合わせ、ほぼまっすぐな形に切ることがポイントです（図表2-13）。

　爪の長さは100日に約1cm伸びるといわれます。伸びた爪は掻いたときに皮膚に傷を作り、その部分から2次感染を引き起こすことがあります。足の爪は、つま先を保護するだけでな

く、体が揺れたり倒れたり
しないよう、バランスをと
る役割を持っています。

　高齢者は加齢とともに爪
が硬くなったり、爪と皮膚
の間に汚れが溜まっていた
りするので、入浴後や足浴
後など、軟らかくなってい
るときに爪を切ります。足
を守る正しい爪切りの仕方
を身につけましょう。

　爪には異常がなくても、
関節リウマチなどで指の変
形や拘縮などがある場合
は注意しましょう。

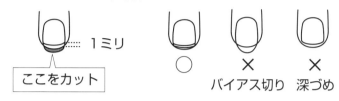

**図表2—13　正しい爪の切り方（足の指）**

●一度に切ろうとせず、まっすぐに何回かに分けて切っていく

●爪の白い部分が少なくとも1ミリ残るように切る。形は足の指の輪郭に合わせる。角を丸く切ったり、白い部分がなくなるほど深く切らない

1ミリ
ここをカット
○　　×　　×
　　バイアス切り　深づめ

爪の長さの目安

足指の先端に平らなものをあてたときに、爪があたらないくらいの短さに切る

切りにくい爪の切り方

①のように先端に縦の切り込みを入れてから、②のように爪切りを横向きに入れてカットする

## 2　口腔内の清潔

### (1)　口腔内のケアの重要性

　厚生労働省の通知によれば、介護職員は、「重度の歯周病等がない場合の日常的な口腔内の刷掃・清拭において、歯ブラシや綿棒又は巻き綿子などを用いて、歯、口腔粘膜、舌に付着している汚れを取り除き、清潔にすること」ができます（第4章—2「2　経管栄養、吸引、吸入、浣腸など」の参考資料1を参照）。

　高齢者は食事中の誤嚥による誤嚥性肺炎だけではなく、口腔内の常在菌が含まれている唾液や逆流した胃の内容物が眠っている間に少しずつ気道に流れて起こる不顕性誤嚥による肺炎も問題にされています。

　口腔内のケアは、このような誤嚥性肺炎の予防効果だけでなく、精神的な効果も得られます。とくに歯ブラシを使用する効果は食物残渣や歯垢の除去だけではなく、刺激による唾液の分泌も促進され、口腔内の自浄作用を活性化させます。

### (2)　方　法

①　必要な物品を準備します（歯ブラシはブラシが軟らかいものを使用します）。
②　入れ歯の場合は取り外します。外すときは下顎から、入れるときは上顎から行います。
③　口腔内が粘稠分泌物でべたつくときには、柄の長い綿棒などで取り除きます。
④　上下の顎、両頬、口蓋を軟らかい歯ブラシを用いてマッサージをしながら行います。
⑤　誤嚥しやすい場合のすすぎは、少量ずつ丁寧に吐き出します。

〈口腔ケアの記録の例〉

| 月　日 | 項　目 | 利用者の状態 | サイン |
|---|---|---|---|
| ○月○日<br>12：30 | 綿棒と歯ブラシを用いて口腔内の清拭 | 口蓋や舌に粘った唾液が膜のように張っている。膜を除去すると粘った唾液が納豆のように出てきた。口唇の乾燥もあり、水分補給や加湿が必要と思われるので、ステーションに報告する。 | 佐藤 |

## 3　耳の保清

### (1)　耳の清潔保持の重要性

　　厚生労働省の通知によれば、介護職員のできる行為は、「耳垢を除去すること（耳垢塞栓の除去を除く）」とあります（第4章—2「2　経管栄養、吸引、吸入、浣腸など」の参考資料1を参照）。

　　耳垢とは、外耳道内の皮膚が脱落したものや、皮脂腺、耳垢腺等からの分泌物、塵埃などが交じり合ったものです。

　　乾燥した耳垢の場合は自然に外部に出てきますが、湿性の耳垢の場合は出にくく固まって外耳道を閉塞し、耳垢塞栓が起きます。

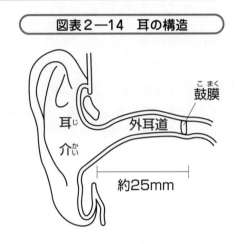

図表2—14　耳の構造

鼓膜

耳介

外耳道

約25mm

　　日本人では湿性耳垢は約16％の人にみられますが、欧米では、90％が湿性耳垢であるといわれています。

　　「人の話が聞こえない」という高齢者のなかには、耳垢が詰まっているために聞こえない人が少なくありません。

　　聴覚器である耳の清潔保持は、このような耳垢閉塞による聴覚障害の防止や外耳の炎症発生の防止、痒みを防ぐ等の点からも重要です。

　　介護職員は、安全に耳垢を除去するための知識と方法を身につけることが求められます。

　　外耳道は成人で約25mmの管で、わずかにS字状に曲がり、入り口から次第に狭くやや下向きに屈曲しています（図表2—14）。軟骨部には耳毛が外に向かって生え、異物の侵入を防いでいますが、耳毛が伸びすぎて中の耳垢が見えにくい場合があります。

### (2)　方　法

①　外耳道がほぼまっすぐになるように、耳介を少し後方へ引っ張るようにします。

②　外耳道がよく見えるように光源を使うか、明るいほうに耳を向けます。

③　入浴後の耳垢が軟らかくなっているときに綿棒などで取り除きます。

〈耳の保清の記録の例〉

| 月　日 | 項　目 | 利用者の状態 | サイン |
|---|---|---|---|
| ○月○日<br>16：00 | 耳の保清、耳垢の除去 | 「右耳がもぞもぞするんだよ」と訴えるので、耳かきで耳垢を除去。乾燥した塊が取れる。「すっきりした」とのこと。発赤などなし。 | 佐藤 |

## 4　やけど、擦り傷などの処置

### ⑴　やけど

　ガスコンロや、やかんなどの接触、熱湯などでやけどをした場合は、水道水などの流水で冷やすことが重要です。どのような処置をしたのか記録をします。

　高齢者は抵抗力が低いので細菌感染などで悪化しないように、水疱などができた場合は、診察を受けたほうがよいでしょう。

### ⑵　擦り傷

　屋外の歩行時に転倒して膝に擦り傷ができたり、居室内で家具にぶつけて傷になったりすることがあります。

　出血している場合は、部位をきれいなタオルやガーゼなどで軽く押さえる圧迫止血を行います。止血後は、部位にあった大きさの清潔なガーゼなどで覆います。

## 5　施設における介護と看護の役割・連携

　介護が必要になって入所する施設には、医学的管理の下に介護などを行う介護老人保健施設や、介護療養型医療施設（2024年3月以降完全廃止され介護医療院などへ転換される予定）、医療的な側面よりも日常生活を支援する施設としての特別養護老人ホーム（介護老人福祉施設）があります。特別養護老人ホームにおいても利用者の疾病の罹患率は高く、利用者は何らかの疾患（とくに慢性疾患）を抱えています。ここでは特別養護老人ホームおける介護と看護の役割・連携について説明します。

　施設での介護において、看護職と介護職は、生活のニーズに関わる職種であることは共通しています。それでは、専門による違いとは何か、連携とは何かについて、一つの場面を通して考えてみましょう。例えば、「オムツ・車いすを利用する利用者の仙骨部に発赤（皮膚や粘膜の一部が充血して赤くなること。炎症などによって起こる）があった」とします。これに対し、看護職と介護職がそれぞれどのような判断をするのかについて、次のような例を示してみました。

〔看護職〕「発赤の原因は、車いすに乗っていた時間が長かったことによる一時的な圧迫によるものなのか、それとも褥瘡の初期症状なのか。仮に褥瘡だとすれば、医師への報告と処置の内容確認、栄養状態等の観察も必要となる。糖尿病等の慢性疾患の有無についての情報も必要だ」
〔介護職〕「発赤の原因は、車いすに乗っていた時間が長かったことによる一時的な圧迫によるものなのか、それとも排泄物の付着により皮膚が刺激を受けたのか。車いすに乗っている時間、排泄物と皮膚状態の関連性を見ていく必要がある。発赤については看護職に情報提供しておく必要がある」

と判断しました。上記の例では、看護職は医学的な視点から、介護職は利用者の生活の様子から捉えています。両者が判断した内容について、申し送りや記録等を通じて情報が共有されて、共通した援助が実施されなければ、十分な介護とはいえません。

　このように、施設内において介護と看護は、利用者に直接関わる職種として、お互いの信頼関係の下に協働していくものであり、決して指示・命令系統下にあるものではありません。お互いの職務を理解し、専門性を発揮して尊重し合い、連携することが望ましいといえます。

◎経管栄養　　◎吸引　　◎カテーテル　　◎カニューレ
◎吸入（ネブライザー）　　◎浣腸　　◎摘便　　◎ストーマ
◎オストメイト　　◎自己導尿

（執筆：佐藤富士子）

〔引用・参考文献〕
① 是枝祥子・浦尾和江・佐藤富士子・嶋田美津江「Q&A 「ひやり・はっと」体験で学ぶ介護」一橋出版，2001
② 播本高志・桐石 梢・大内博美「高齢者の介護とくすり」中央法規出版，1997
③ 中原保裕「改訂 臨床に生かしたいくすりの話」学習研究社，2000
④ 坪井良子・松田たみ子「考える基礎看護技術」廣川書店，1999
⑤ 大岡良枝・大谷眞千子「なぜ？がわかる看護技術LESSON」学習研究社，1999
⑥ 「おはよう21」1月号　介護技術の手引き・スキンケアと与薬　中央法規出版，2001
⑦ 是枝祥子・佐藤富士子・浦尾和江・嶋田美津江「介護職のための根拠に基づいた記録の書き方」エルゼビア・ジャパン，2005
⑧ 「特集 痰の吸引を考える」(「訪問看護と介護」Vol.10、No.9）医学書院，2005
⑨ 小玉香津子・坪井良子・中村ヒサ「看護必携シリーズ1　看護の基礎技術」学習研究社，1995
⑩ 堺 章「新訂　目で見るからだのメカニズム」医学書院，2000

第4章—2

2　経管栄養、吸引、吸入、浣腸など

参考資料1

医政発第0726005号
平成17年7月26日

各都道府県知事 殿

厚生労働省医政局長


## 医師法第17条、歯科医師法第17条及び保健師助産師看護師法第31条の解釈について（通知）

　医師、歯科医師、看護師等の免許を有さない者による医業（歯科医業を含む。以下同じ。）は、医師法第17条、歯科医師法第17条及び保健師助産師看護師法第31条その他の関係法規によって禁止されている。ここにいう「医業」とは、当該行為を行うに当たり、医師の医学的判断及び技術をもってするのでなければ人体に危害を及ぼし、又は危害を及ぼすおそれのある行為（医行為）を、反復継続する意思をもって行うことであると解している。

　ある行為が医行為であるか否かについては、個々の行為の態様に応じ個別具体的に判断する必要がある。しかし、近年の疾病構造の変化、国民の間の医療に関する知識の向上、医学・医療機器の進歩、医療・介護サービスの提供の在り方の変化などを背景に、高齢者介護や障害者介護の現場等において、医師、看護師等の免許を有さない者が業として行うことを禁止されている「医行為」の範囲が不必要に拡大解釈されているとの声も聞かれるところである。

　このため、医療機関以外の高齢者介護・障害者介護の現場等において判断に疑義が生じることの多い行為であって原則として医行為ではないと考えられるものを別紙の通り列挙したので、医師、看護師等の医療に関する免許を有しない者が行うことが適切か否か判断する際の参考とされたい。

　なお、当然のこととして、これらの行為についても、高齢者介護や障害者介護の現場等において安全に行われるべきものであることを申し添える。


**（別紙）**

1　水銀体温計・電子体温計により腋下で体温を計測すること、及び耳式電子体温計により外耳道で体温を測定すること
2　自動血圧測定器により血圧を測定すること
3　新生児以外の者であって入院治療の必要がないものに対して、動脈血酸素飽和度を測定するため、パルスオキシメータを装着すること
4　軽微な切り傷、擦り傷、やけど等について、専門的な判断や技術を必要としない処置をすること（汚物で汚れたガーゼの交換を含む。）
5　患者の状態が以下の3条件を満たしていることを医師、歯科医師又は看護職員が確認し、これらの免許を有しない者による医薬品の使用の介助ができることを本人又は家族に伝えている場合に、事前の本人又は家族の具体的な依頼に基づき、医師の処方を受け、あらかじめ薬袋等により患者ごとに区分し授与された医薬品について、医師又は歯科医師の処方及び薬剤師の服薬指導の上、看護職員の保健指導・助言を遵守した医薬品の使用を介助すること。具体的には、皮膚への軟膏の塗布（褥瘡の処置を除く。）、皮膚への湿布の貼付、点眼薬の点眼、一包化された内用薬の内服（舌下錠の使用も含む）、肛門からの坐薬挿入又は鼻腔粘膜への薬剤噴霧を介助すること。
①　患者が入院・入所して治療する必要がなく容態が安定していること
②　副作用の危険性や投薬量の調整等のため、医師又は看護職員による連続的な容態の経過観察が必要である場合ではないこと
③　内用薬については誤嚥の可能性、坐薬については肛門からの出血の可能性など、当該医薬

品の使用の方法そのものについて専門的な配慮が必要な場合ではないこと

注1　以下に掲げる行為も、原則として、医師法第17条、歯科医師法第17条及び保健師助産師看護師法第31条の規制の対象とする必要がないものであると考えられる。

① 　爪そのものに異常がなく、爪の周囲の皮膚にも化膿や炎症がなく、かつ、糖尿病等の疾患に伴う専門的な管理が必要でない場合に、その爪を爪切りで切ること及び爪ヤスリでやすりがけすること

② 　重度の歯周病等がない場合の日常的な口腔内の刷掃・清拭において、歯ブラシや綿棒又は巻き綿子などを用いて、歯、口腔粘膜、舌に付着している汚れを取り除き、清潔にすること

③ 　耳垢を除去すること（耳垢塞栓の除去を除く）

④ 　ストマ装具のパウチにたまった排泄物を捨てること。（肌に接着したパウチの取り替えを除く。）

⑤ 　自己導尿を補助するため、カテーテルの準備、体位の保持などを行うこと

⑥ 　市販のディスポーザブルグリセリン浣腸器（※）を用いて浣腸すること

※ 　挿入部の長さが5から6センチメートル程度以内、グリセリン濃度50％、成人用の場合で40グラム程度以下、6歳から12歳未満の小児用の場合で20グラム程度以下、1歳から6歳未満の幼児用の場合で10グラム程度以下の容量のもの

注2　上記1から5まで及び注1に掲げる行為は、原則として医行為又は医師法第17条、歯科医師法第17条及び保健師助産師看護師法第31条の規制の対象とする必要があるものでないと考えられるものであるが、病状が不安定であること等により専門的な管理が必要な場合には、医行為であるとされる場合もあり得る。このため、介護サービス事業者等はサービス担当者会議の開催時等に、必要に応じて、医師、歯科医師又は看護職員に対して、そうした専門的な管理が必要な状態であるかどうか確認することが考えられる。さらに、病状の急変が生じた場合その他必要な場合は、医師、歯科医師又は看護職員に連絡を行う等の必要な措置を速やかに講じる必要がある。

また、上記1から3までに掲げる行為によって測定された数値を基に投薬の要否など医学的な判断を行うことは医行為であり、事前に示された数値の範囲外の異常値が測定された場合には医師、歯科医師又は看護職員に報告するべきものである。

注3　上記1から5まで及び注1に掲げる行為は原則として医行為又は医師法第17条、歯科医師法第17条及び保健師助産師看護師法第31条の規制の対象とする必要があるものではないと考えられるものであるが、業として行う場合には実施者に対して一定の研修や訓練が行われることが望ましいことは当然であり、介護サービス等の場で就労する者の研修の必要性を否定するものではない。

また、介護サービスの事業者等は、事業遂行上、安全にこれらの行為が行われるよう監督することが求められる。

注4　今回の整理はあくまでも医師法、歯科医師法、保健師助産師看護師法等の解釈に関するものであり、事故が起きた場合の刑法、民法等の法律の規定による刑事上・民事上の責任は別途判断されるべきものである。

注5　上記1から5まで及び注1に掲げる行為について、看護職員による実施計画が立てられている場合は、具体的な手技や方法をその計画に基づいて行うとともに、その結果について報告、相談することにより密接な連携を図るべきである。上記5に掲げる医薬品の使用の介助が福祉施設等において行われる場合には、看護職員によって実施されることが望ましく、また、その配置がある場合には、その指導の下で実施されるべきである。

注6　上記4は、切り傷、擦り傷、やけど等に対する応急手当を行うことを否定するものではない。

社援発1111第１号
平成23年11月11日

各都道府県知事　殿

厚生労働省社会・援護局長

## 社会福祉士及び介護福祉士法の一部を改正する法律の施行について
### （喀痰吸引等関係）

　「介護サービスの基盤強化のための介護保険法等の一部を改正する法律（平成23年法律第72号。以下「改正法」という。）」により改正された「社会福祉士及び介護福祉士法（昭和62年法律第30号。以下「法」という。）」の規定に基づく「社会福祉士及び介護福祉士法施行規則の一部を改正する省令」（平成23年厚生労働省令第126号。以下「改正省令」という。）により改正された「社会福祉士及び介護福祉士法施行規則（昭和62年厚生省令第49号。以下「省令」という。）」について、介護職員等による喀痰吸引等の実施の基準の趣旨及び内容は下記のとおりであるので、御了知の上、関係団体、関係機関等にその周知徹底を図るとともに、その運用に遺漏のないようにされたい。

　なお、本通知は医政局及び老健局に協議済みであることを申し添える。

　本通知は、地方自治法（昭和22年４月17日法律第67号）第245条の４第１項の規定に基づく技術的助言として発出するものである。

記

### 第1　趣旨

　今般の改正法及び改正省令は、喀痰吸引（口腔内、鼻腔内、気管カニューレ内部の喀痰吸引をいう。第１において同じ。）及び経管栄養（胃ろう又は腸ろうによる経管栄養、経鼻経管栄養をいう。第１において同じ。）の実施のために必要な知識、技能を修得した介護職員等（介護福祉士を含む）について、一定の要件の下に、喀痰吸引及び経管栄養を実施することができるものとしたこと。

　具体的には、介護福祉士については、養成課程において喀痰吸引及び経管栄養に関する知識、技能を修得し、平成27年４月１日以降、一定の基準を満たす事業所において、喀痰吸引及び経管栄養を実施することができるものとしたこと。なお、平成24年４月１日以降においても、認定特定行為業務従事者認定証（法附則第４条第１項の認定特定行為業務従事者認定証をいう。以下同じ。）の交付を受けた場合には、喀痰吸引及び経管栄養を実施することができるものとしたこと。

　また、介護福祉士を除く介護職員等については、平成24年４月１日以降、認定特定行為業務従事者（法附則第３条第１項の認定特定行為業務従事者をいう。以下同じ。）となるのに必要な知識、技能を修得するための研修を修了し、都道府県知事から認定特定行為業務従事者認定証の交付を受け、喀痰吸引及び経管栄養を実施することができるものとしたこと。

　なお、現在、当面のやむを得ない措置として、在宅・特別養護老人ホーム・特別支援学校において、運用上一定の行為の実施が認められている介護職員等については、必要な知識、技能を修得した者である旨の証明を受け、認定特定行為業務従事者認定証の交付を受けた場合に、喀痰吸引及び経管栄養を実施することができるものとしたこと。

　改正省令は、喀痰吸引及び経管栄養の実施に係る事業者及び研修機関の登録基準等を定めたものであり、喀痰吸引及び経管栄養が安全かつ適切に実施されるよう遵守すべきものであること。

### 第2　制度概要等

#### １．喀痰吸引等の範囲

　省令第１条は、法第２条第２項に規定する介護福祉士が業として行いうる「日常生活を営むのに必要な行為であつて、医師の指示の下に行われるもの」に該当するものとして第１号から第５号の別に喀痰吸引等の行為を定めたものであること。

　介護福祉士が喀痰吸引等を実施する場合には、喀痰吸引等の対象者の日常生活を支える介護の一環として必要とされる医行為のみを医師の指示の下に行うものであり、安全性確保の観点から、同条第１号及び第２号に規定する喀痰吸引については、咽頭の手前までを限度とすること。

　また同様の観点から、同条第４号の胃ろう又は腸ろうによる経管栄養の実施の際には、胃ろう・腸ろうの状態に問題がないことの確認を、同条第５号の経鼻経管栄養の実施の際には、栄養チューブが正確に胃の中に挿入されていることの確認を医師又は看護職員（保健師、助産師、看護師及び准看護師をいう。以下同じ。）が行うこと。

**※以下の記載については、誌面の都合上、省略しております。**

参考資料3

## 介護サービスの基盤強化のための介護保険法等の一部を改正する法律
## （平成23年法律第72号）の施行関係

### たんの吸引等の制度

**（いつから始まりますか）**

平成24年4月から、
「社会福祉士及び介護福祉士法」（昭和62年法律第30号）の一部改正（※）により、介護福祉士及び一定の研修を受けた介護職員等においては、医療や看護との連携による安全確保が図られていること等、一定の条件の下で『たんの吸引等』の行為を実施できることになります。

※「介護サービスの基盤強化のための介護保険法等の一部を改正する法律」（平成23年法律第72号）の第5条において、「社会福祉士及び介護福祉士法」の中で介護福祉士等によるたんの吸引等の実施を行うための一部改正が行われました。

**（対象となる医療行為は何ですか）**

【たんの吸引等の範囲】
今回の制度で対象となる範囲は、
○たんの吸引（口腔内、鼻腔内、気管カニューレ内部）
○経管栄養（胃ろう又は腸ろう、経鼻経管栄養）
です。
※実際に介護職員等が実施するのは研修の内容に応じ、上記行為の一部又は全部です。

**（誰が行うのでしょうか）**

今回の制度では、医師の指示、看護師等との連携の下において、
○**介護福祉士**（※）
○**介護職員等**（具体的には、ホームヘルパー等の介護職員、上記以外の介護福祉士、特別支援学校教員等）であって一定の研修を修了した方
が実施できることになります。
※介護福祉士については、平成28年度（平成29年1月国家試験）以降の合格者が対象。

**（どこで行われるのでしょうか）**

特別養護老人ホーム等の施設や在宅（訪問介護事業所等から訪問）などの場に
おいて介護福祉士や介護職員等のいる**登録事業者**により行われます。
※登録事業者には、介護保険法や障害者自立支援法（現・障害者総合支援法）の施設や事業所などが、医療関係者との連携などの一定の要件を満たした上でなることができます。

《参考：これまでの背景》

　これまで介護職員等によるたんの吸引等は、当面のやむを得ない措置として一定の要件の下に運用（実質的違法性阻却）されてきましたが、将来にわたって、より安全な提供を行えるよう今回法制化に至りました。

　なお法制化にあたっては、利用者を含む関係者から成る検討の場（介護職員等によるたんの吸引等の実施のための制度の在り方に関する検討会）が設けられました。

## たんの吸引等の研修（喀痰吸引等研修）

介護福祉士や介護職員等が、たんの吸引等を行うためには、
○**介護福祉士**はその養成課程において、
○**介護職員等**は一定の研修（『喀痰吸引等研修』）を受け、
たんの吸引等に関する知識や技能を修得した上で、はじめてできるようになります。

※ただし、現在既に一定の要件の下でたんの吸引等の提供を行っている者（経過措置対象者）については、こうした研修で得られる知識及び技能を有していることが証明されれば認められる旨、法律上の経過措置が定められています。

出所：平成23年11月厚生労働省資料　一部改変

# 3　健康チェック

学習の 手引き

　健康をチェックするとは、身体の観察ができることであり、身体の観察は身体介護や生活援助において、介護の必要性を判断し、方法を選択・実行して評価するという過程で重要なことです。
　介護職員の観察力によって利用者の異常を早期に発見でき、最悪の状態に陥らずに回復させることにつながることもあります。「いつもと違ってちょっとおかしい」と思ったときは、自分が直感的に感じたことを大切にし、さらに系統的な観察を加える必要があります。
　観察の結果によっては、自分だけで抱えることを避け、他職種へ情報を提供するなど連携することも必要です。
　観察は、環境面、社会面も含め、その人の全体像をみることですが、ここでは身体面に限定して説明します。
　①　健康チェックに必要な身体観察の視点と観察技術
　②　全身観察
　③　体温・脈拍・血圧・呼吸の測定による観察の方法
　④　他職種との連携のための観察やケアから得た情報の提供
について理解してください。

解説

## Ⅰ　健康チェックに必要な身体観察の視点と観察技術

### 1　高齢者の身体の特徴

　高齢者は、加齢とともに骨・関節・臓器などの身体機能が低下し、抵抗力が弱くなることから病気にかかりやすいといわれています。
　高齢者の病気の特徴は、
　①　回復に時間がかかる
　②　単独の病気ではなく複数の病気にかかっていることが多い
　③　病気からくる症状も一般にいわれる定型的なものではない
　④　原疾患と関係のない合併症を起こす
です。
　これらは個人差も大きいのですが、介護者が普段からよく観察し、日々身体のチェックをすることで「いつもと違う」という変化に気づくことができます。

### 2　身体観察の技術

　介護行為は、はじめに観察し、次にどのような行為が適切かを判断し、具体的な方法を考

えて実施するというプロセス（過程）をとります。ここでは、身体の観察について、いつ、どこで、どのように行うのかを説明します。

　観察の技術の基礎になるのは、相手を「意図的にみる」ことができる力をつけることです。

　生活援助でも身体介護でも、自分が行うことに夢中になり、ほかのことに気づかないのはよくありません。

　「意図的にみる」とは、つまり、考えながらみることです。意図的にみるためには、自分のなかに観察する着眼点としての知識が必要です。その観察する知識をもとに観察する技術を用いてチェックを行います。身体観察を行うのに必要な技術は、

① 　介護者の持つ五感（視覚・嗅覚・触覚・聴覚・味覚）を使っての観察
② 　体温計や血圧計などの機器を用い、測定することでの観察
③ 　コミュニケーションを通しての観察

という３つの方法が一般的に使われます。

　観察は、利用者と出会ったそのときから始まり、身体介護であっても生活援助であっても、介護行為を通して観察ができます。

## Ⅱ　全身観察

### 1　全身観察の着眼点

　全身観察が短時間でできるようになるには、意図的に観察しようとする訓練が必要です。

　どこから観察するかは、ある程度、自分で決めておくとよいかもしれません。

(1)　**利用者と出会ったそのときにわかること**
① 　顔を合わせて…顔色、表情
② 　目を見れば…目やに、充血、涙、まぶたのむくみ（浮腫）の有無
③ 　口を見れば…唇の色や乾燥状態、口臭の有無
④ 　耳を見れば…耳垢の有無
⑤ 　頭を見れば…頭髪の汚れ具合
⑥ 　皮膚を見れば…乾燥、発疹、むくみ（浮腫）、創傷、色つやの状態

(2)　**利用者との会話を通してわかること**
① 　口臭の有無、義歯の有無
② 　聴力の程度（人の話、テレビの音量）
③ 　視力の程度（物や人の見える程度）、視野の範囲
④ 　会話のレベル
⑤ 　記憶のレベル（認知症の状態）
⑥ 　会話の理解度
⑦ 　睡眠状態

(3)　**利用者の行動を通してわかること**
① 　歩行（すり足）のしかた
② 　関節痛の有無
③ 　手掌や足背のむくみ（浮腫）の有無

⑷　**生活援助を通してわかること**
①　空腹感、食欲の有無
②　嚥下、咀嚼の状態
③　食事・水分の摂取量

⑸　**身体介護を通してわかること**
①　排便・排尿の回数、量、性状
②　尿失禁の有無と排尿パターン
③　褥瘡好発部位の状態（発赤・水疱の有無）
④　全身皮膚の状態（発疹・浮腫の有無）
⑤　舌苔（舌が苔のように白くなっている）、歯茎の腫れや発赤の有無

**Ⅲ　体温・脈拍・血圧・呼吸の測定による観察の方法**

　体温・脈拍・血圧・呼吸の状態の把握を「バイタルサインの測定」といいます。バイタルサインとは、「生命の徴候」と訳され、意識状態の観察なども含まれますが、一般的には体温・脈拍・血圧・呼吸の徴候をバイタルサインといいます。

　在宅において利用者と会ったときに「いつもより頬が赤い」「元気がない」「触れたら熱っぽい」など、いつもと違うと感じた場合は、測定による観察を加え、医療職への報告もしたほうがよいでしょう。正しい測定を行うには、方法とその根拠を理解する必要があります。

　バイタルサインの測定を毎日の健康チェックとして行っている高齢者もいます。

　高齢者は複数の病気を抱えて病院通いをしている人は少なくありません。昨日まで元気であっても、急に状態が悪くなることもあります。また、高齢者は室内でも熱中症を起こし、短時間で症状が悪化し、命を落とすこともあります。

　「六感しぐさ*」ということばがあるように、介護者は、五感を敏感に研ぎ澄まし、周囲の状況を瞬間的に総合判断する直観力を身につけましょう。

　　＊六感しぐさ：視覚・嗅覚・触覚・聴覚・味覚の五感に、直観的な「第六感」を加えて、総合的にものごとを感じとる心の動き

## 1　体温の測定法

　体温計の家庭普及率は大変高く、測定は一般家庭でも日常的に腋の下で行われています。介護者も自身の生活のなかで何度か経験してきているため、困難な技術ではなく、在宅で行うことができると思っている面があります。

　しかし、測定のしかたによっては数値に誤差が生じますので、基本的な知識と正しい測定方法を理解することが大切です。

　体温は、心臓の大動脈を流れる血液の温度がその代表であると考えられていますが、その測定は簡単にできることではないので、腋窩（腋の下）や口腔、直腸内で測定した数値を体温としています（図表2─15）。

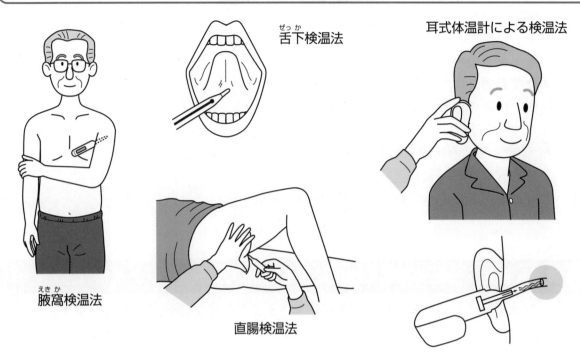

図表2—15　体温の測定法

舌下検温法

耳式体温計による検温法

腋窩検温法

直腸検温法

耳式体温計による検温法

⑴　**電子体温計を用いた腋窩、舌下体温の検温法、直腸検温法**
　①　腋窩検温法
　　在宅でもっとも高い頻度で測定されているのが腋の下で行う腋窩検温法であるため、この方法について図表2—16を参考にして、とくに理解を深めましょう。

図表2—16　腋窩検温法による体温の測定法

| 方　　　法 | 根　　　拠 |
|---|---|
| ●体温は同じ時間に測定する | ●体温は一日のなかでも変動があり、午後3〜6時がもっとも高く、午前2〜6時がもっとも低く、その差は1℃以内です。体温は毎日定期的に測定している場合は、同じ時間のほうが変動がわかりやすくてよいでしょう。午前中に微熱程度でも午後にはもっと高くなることを予測しておく必要があります。 |
| ●マヒ側での測定はできるだけしない | ●マヒ側は健側に比べ血流が悪く温度差が生じやすいこと、さらに、筋力の低下により腋の下の密着度がゆるくなり体温計を固定しにくいため、避けたほうがよいでしょう。また、側臥位の場合は、下側は体温が低く測定されるので避けたほうがよいでしょう。 |
| ●体温計の種類によって測定時間が違う | ●腋窩用の電子体温計は舌下の体温測定にも使えることが多いので、器具機械を使用するときは、必ず取扱説明書を読むことが必要です。また、電子体温計の電池の寿命も約3年ぐらいですので、電池切れがないか、使用可能かを確認します。 |

| | |
|---|---|
| | ●電子音は測定値が体温に近くなったことを知らせるものであり、終了の合図ではありません。電子音が鳴ってもすぐに取り出さず、そのままの状態で3分以上待ってから取り出します。 |
| | ●測定後は値を記録します。介護職員は、値だけではなくそのほかの利用者の状態について、利用者自身の言葉や観察した内容も合わせて記録しておくことが必要です。 |
| | ●体温計には、水銀体温計と電子体温計があります。水銀体温計は腋の下に密着してから平衡温に達するまで約5〜10分かかります。（世界保健機関（WHO）では2020年までに水銀体温計の使用を中止する方向性を示しています） |
| ●腋の下が汗ばんでいるときは拭く | ●汗ばんでいるときは、乾いたタオルで拭きます。汗で濡れていると体温計が密着できず、また、汗により熱の放散が起こり不正確になります。 |
| ●体温計を挿入するときの検温部の角度は45度がよい | ●正しい測定には体温計と腋の下をしっかり密着させることです。体温計の検温部を腋窩中央（腋窩動脈に近い位置）に当て、上腕を胸のほうにつけるようにして密着させます。 |
| ●運動直後の検温は避けたほうがよい | ●運動直後は代謝を亢進させ体温を上昇させます。また、食事の種類や温度によっては、食後30分頃に上昇することがあります。 |
| ●異常と判断する値 | ●体温をいつも同じ側で同じ時間に測定していた場合、日頃の体温と比べて1℃以上高い場合は発熱と考えます。脈拍やそのほかの表情や状態も合わせて観察し、他職種へ連絡する必要があります。 |

② 舌下検温法

舌下検温法は、舌下の中央部に血管が密集しているので体温計の先端が血管に密着でき、口唇を閉じるため体温計が安定しやすい利点があります。しかし、噛んでしまうような人には測定が困難ですので、ほかの手段を使ったほうがよいでしょう。

③ 直腸検温法

直腸内は血管の多い粘膜で覆われています。直腸検温法は、腋の下や舌下と比較すると測定する場所が身体の内部に近く、測定結果の信頼度も高いので、未熟児や新生児に適していますが、在宅で高齢者の場合に行うことはあまりありません。

測定部位による温度差は、 直腸温＞口腔温＞腋窩温

であり、直腸温と腋窩温の差は、だいたい1℃前後です。

④ 耳式体温計による検温法

一般的に耳の穴がわずかに曲がっていますので、耳介を後ろのほうに引いて耳の穴をまっすぐにして、耳式体温計の先端を入れます。耳の内部構造は左右同じ形状ではなく、若干の差がありますので、できるだけ同じ側で測定するようにします。耳垢があると正確な測定ができないことがありますので、測定前に耳垢を除去します。外耳に炎症がある場合は、耳式体温計を挿入することにより感染や症状が悪化する場合がありますので避けます。

⑵ **熱上昇時の注意**

熱が高くなると、顔面の紅潮や目の潤みがみられ、皮膚が熱くなり唇が乾燥するほか、

頭痛や全身倦怠感を訴えます。

　発汗があると、水分や塩分が失われて尿量が減り、食欲がなくなり、高齢者は脱水を起こしやすくなります。

　このようなときは水分補給を行い、そのほかの状態を観察し、医療職へ連絡します。

### 2　脈拍の測定法

　脈拍とは、心臓の収縮によって血液が大動脈に送り出されるときに生じる血管の波動です。血管の波動が末梢へ伝わり、表在している動脈で拍動として触れることができるのが脈拍測定です。脈拍の正常値は、成人の場合、1分間に60〜80回です。

　高齢者の場合、脈が一拍抜けたりすることがありますので、回数だけではなく、リズムも観察します。観察した内容は記録し、必要な時に医療職へ連絡します。

　体表面に走行して触知できる動脈の部位は何か所かありますが、ここでは一般的に使われる橈骨動脈・上腕動脈・総頸動脈の測定部位と測定方法について説明します（図表2—17）。

---

**図表2—17　脈拍の測定法**

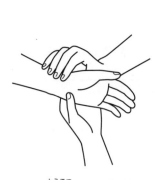
橈骨動脈の触知

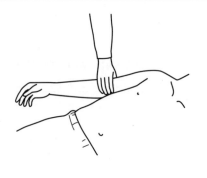
上腕動脈の触知

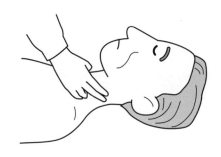
総頸動脈の触知

---

**(1)　橈骨動脈の触知方法**

　橈骨動脈は、手首の親指側にあります。この部位は一般的にもよく知られているところです。介護者は、血管の走行に沿って人さし指・中指・薬指の指腹を平行に置き、親指をまわして支えます。

　3指を垂直に立てると圧迫が強すぎ感知しにくく、指尖部は感覚も鈍いので指腹で行うようにします。測定では1分間の回数、リズムを観察します。

**(2)　上腕動脈の触知方法**

　上腕動脈は、主に血圧測定を行う際に用います。上腕動脈は上腕の内側にある上腕二頭筋の走行の内側にありますが、血圧測定時はもっともよく拍動を感じる肘の膨隆部の少し内側の部位に触れます。

**(3)　総頸動脈の触知方法**

　総頸動脈の触知は通常ではあまり行いません。急激に状態が悪くなり、橈骨動脈の触知が困難なときなどに行います。測定には、頭部をやや後ろに反らせるか、触知する側の反対側に少し傾け、甲状軟骨の隆起（喉仏）から外側に指を滑らせると触れます。

(4)　その他の脈触知部位として、大腿動脈、膝窩動脈、後脛骨動脈、足背動脈などがありますが、在宅で介護者がこれらの部位により測定することは大変少ないと思われます。

## ｜3　血圧の測定法

　健康管理のために、あるいは高血圧の人が血圧を継続的に観察するために、各家庭で血圧測定を行っている人が増えてきています。血圧測定は介護職員が行ってもよい行為ですが、自動血圧測定器に限定されています。自動血圧計器は、さまざまな会社で作っており、それぞれに特徴がありますので使用する前に取扱説明書は必ず読みましょう。

　しかし、どのような血圧計であっても測定する際の注意や原則は同じですので、測定値に影響する入浴や運動後の測定は避け、正しい測定方法で行うことが重要です。とくにその値が利用者の状態を左右することがありますので、測定結果の自己判断は大変危険です。医療職への報告、測定値の記録や利用者の状態の記録は欠かすことができません。

　測定値の書き方：　体温はTemperatureの頭文字をとって、「T.」　と、　血圧はBlood Pressureの頭文字をとって「Bp.」の略語で表わすことが多いです。

　具体的な測定方法は、

①　測定しようとする体位（座位あるいは臥位）で5分以上安静にします。いつも同じ体位で測定したほうが、測定値の変化が判断しやすくなります。

②　座位あるいは臥位の測定であっても、測定する腕の位置、心臓の位置と血圧計の位置は同じ高さにします。座位で測定する場合、血圧計を設置する台が高かったり低かったりすると、正確な血圧が測定できないので、高さを調節します。

③　正常値は一般的な値であり、高血圧症の診断を受けて降圧剤を服用している場合などは、その人にとって「安定した値」がありますので、値についての判断は医療職に任せて、その場で利用者に助言することは避けましょう。

〈血圧の記録の例〉

| 月　日 | 項目 | 利用者の状態 | サイン |
|---|---|---|---|
| 12月10日<br>10：00 | 体温・血圧の測定<br>T.36.3℃<br>Bp.130/88mmHg | いすに腰かけ左の腕で血圧と体温を測定。体調はどうかの問いに「頭も痛くないし、ふらつきもない。先生から出されている薬もちゃんと飲んでるし絶好調だよ」と答える。測定値を看護師に報告。 | 佐藤 |

## ｜4　酸素飽和度モニター（パルスオキシメーター）の装着

　酸素飽和度モニターとは、皮膚の上から動脈血液中の酸素飽和度（SpO₂）を測定するものです。医師の指導・監督のもとに、呼吸不全などで在宅における酸素療法をしている人や気管内カニューレ（第4章—2「2　経管栄養、吸引、吸入、浣腸など」を参照）を装着している人などが酸素飽和度モニターを装着しています。

　介護職員は、正しく装着されているか、数値が何を意味しているかの理解が必要です。

(1)　装着方法

①　利用者によって使用する機器や装着部位が異なりますので、かかりつけの医師や看護

職員などから使用方法や装着部位などについて事前に指導を受けます。

②　装着する前に、装着部位を乾いた布などで拭きます。

③　指装着の場合、発光部とセンサー部が一致した正しい装着位置になるように人差し指に巻きます。

### Ⅳ　他職種との連携のための観察やケアから得た情報の提供

　他職種との連携は多々ありますが、ここでは3つの観察技術（介護者の感覚を通しての観察、測定による観察、コミュニケーションを通しての観察）を用いて、全身観察した結果、ほかの職種への連携をどうするのかについて判断します。

　全身観察の結果、いつもと違う、測定値が異常であると判断したときは、躊躇せず自分の勤務する事業所にはもちろんのこと、利用者のかかりつけの医師や訪問看護師への連絡が必要です。報告内容は、何が、いつから、どのような状態か、時間を追った経時的な内容を記録し要領よく報告します。介護職員による早期の発見が早期治療につながります。

今後の学習のための　キーワード

◎観察の技術　　◎全身観察

◎早期発見　　◎発熱　　◎脱水

（執筆：佐藤富士子）

# 4　訪問看護

　　　訪問介護とよく似た言葉に「訪問看護」があります。訪問看護とは、看護師が医師の指示書をもとに利用者の居宅を訪れて、カテーテルの挿入など医療的な処置のほか、療養上の世話や助言をします。介護保険における訪問介護の利用者のなかには、訪問看護を利用している人もいることから、記録の共有や連絡・報告など介護職と看護職の連携が大切です。
　　　ここでは、
　　　①　訪問看護事業所
　　　②　訪問看護と訪問介護の連携
　　　について理解してください。

## Ⅰ　訪問看護事業所

### 1　訪問看護とは

　訪問看護は、医療保険（後期高齢者医療制度を含む）、介護保険の両方に位置づけられていますが、要介護者・要支援者については原則として介護保険からのサービス給付が優先されます。この単元では、介護保険法による「訪問看護」について説明していきます。

　訪問看護とは、病気や障害があり、看護を必要としている人（医師が必要と認めた人に限る）に対し、看護師等が医師との連携をとりながら利用者の居宅を訪問して、安心して療養することができるよう、医療処置や医療機器の管理のほか、療養上の世話や助言、診療の補助、機能訓練等の援助を行うサービスです。訪問看護は、訪問看護ステーションから提供される場合と病院または診療所から訪問看護を提供する場合の2つがあります。

　訪問看護を提供する職種は、看護師、理学療法士、作業療法士、言語聴覚士などです。

　訪問看護は、「訪問看護指示書」という医師の指示書を受けて開始されます（医療保険対応の場合も同様です）。また、提供される訪問看護の内容は、主に以下のようになります（図表2－18）。

　※「訪問看護ステーション」は、1992（平成4）年に老人保健法（現・高齢者医療確保法）を改正して制度化され、看護師や保健師が独立して開業できることとなりました。

| 図表2－18　訪問看護の主な内容 | |
|---|---|
| **療養上の世話**<br>身体の清潔（清拭、洗髪など）入浴・食事・排泄介助・衣服の交換、移動（体位変換） | **医師の指示による医療処置・診療の補助**<br>かかりつけ医の指示に基づく医療処置<br>服薬管理　医師との連携による緊急時対応等 |
| **病状の観察と情報収集**<br>病気や障害の状態、血圧・体温・脈拍などをチェックします。また、身体状況だけではなく、心理・社会的な側面、生活環境、家族環境などについても情報を収集します。 | **医療機器の管理**<br>在宅酸素、人工呼吸器などの管理 |
| **ターミナルケア**<br>がん末期や終末期などでも、自宅で過ごせるよう適切な支援を行います。症状の緩和（痛みのコントロール等）に努めます。 | **褥瘡予防・処置**<br>褥瘡防止の工夫や指導、褥瘡の手当てを行います。 |
| **リハビリテーション**<br>拘縮予防や機能の回復、嚥下機能訓練等を行います（日常生活動作の維持・向上）。<br>リハビリ専門職との連携が求められます。 | **認知症ケア**<br>認知症介護の相談・工夫をアドバイス。 |
| **家族等への介護支援・相談・療養指導**<br>介護方法の指導、さまざまな相談対応（関係機関との連携）、介護負担を軽くするための支援などを行います。<br>医療処置の方法などを、本人や家族に指導します。 | **介護予防**<br>低栄養や運動機能低下を防ぐアドバイス。健康を維持・増進する予防的な支援です。 |
| **精神的な支援**<br>気持ちを受け止めながら問題に対処し、必要な場合は、精神科医などの専門家につなげます。 | |

## 2　訪問看護を受けるまで

　介護保険における訪問看護は、要支援状態、要介護状態の認定を受けた人（要支援者・要介護者）が、ケアマネジャーに相談して、居宅サービス計画書（ケアプラン）に訪問看護を組み入れてもらうシステムです。

　介護保険を利用している人のなかには、訪問看護と訪問介護の両方を利用して生活している人もいます。例えば、利用者の家族から訪問看護を受けたいという希望があった場合、ケアマネジャーは、面談してアセスメントから訪問看護の必要性を判断し、暫定的なケアプランを考えます。そして、利用者がかかりつけ医を受診する際に同行訪問します。医師は診察後、「訪問看護が必要であるか、訪問介護のレベルでよいのか」を判断し、訪問看護が必要と判断した場合、ケアマネジャーは訪問看護事業所に連絡します。ケアマネジャーが作成する居宅サービス計画書（ケアプラン）に訪問看護サービスを組み入れ、医師による訪問看護指示書が交付されます。そして、訪問看護事業所と連携をとることで、初めて介護保険に基

づく訪問看護サービスの提供が開始されます。

## Ⅱ 訪問看護と訪問介護の連携

### 1　在宅における療養生活の支援

　訪問看護のフィールドは病院ではなく在宅です。在宅はサービスを利用する人の生活の場であると同時に同居する家族の生活も含まれます。そのため、訪問時のケアは本人に対して行いますが、家族全体の生活サイクルのなかでのケアを行うという点に配慮が必要です。

　例えば病院や施設では、その職場におけるほぼ限られた範囲内での多職種との連携になります。しかし、在宅の場合では、看護と介護の協働をはじめ、異なる事業所のケアマネジャーや訪問介護事業所、リハビリテーション等を行う医療機関等、他機関や他職種との連携によって、在宅における療養生活を支援していきます。

　在宅では訪問介護サービスのみを利用している人だけではありません。介護を受ける状態にある人は複数の疾患を抱えていたり、カテーテルの挿入などの医療を必要とする人もたくさんいることを理解しましょう。

### 2　連携による効果的な支援方法の統一

　特別養護老人ホームや介護老人保健施設などでは看護師が常勤しており、介護職と看護職は毎日顔を合わせて一緒にケアを行うこともあり、何かトラブルが起きても「医療職に相談できる」という安心感があります。

　しかし、在宅では訪問介護員が一人です。生活支援や身体介護の訪問介護サービスを提供しながら利用者の異常に気づく観察力や「ちょっと変だな」と感じる直観力を持ち、どのような異常が起きやすい状態にあるのかを予測して、異常が起きたときは、誰に連絡するのか等、日頃から医療職との連携があれば、相談や効果的な支援方法を統一することができます。

　例えば、訪問介護サービスのみを利用していた寝たきりの利用者のオムツの介助で、訪問介護員は、仙骨部に発赤があることに気づきました。訪問介護員は「褥瘡かな？」と思い、状況を観察した内容についてサービス提供責任者に報告しました。サービス提供責任者自身も利用者宅を訪問し、「訪問看護が必要ではないか」と判断し、ケアマネジャーにその内容を連絡しました。そして、介護保険における訪問看護が始まりました。

　訪問看護と訪問介護でケアの方法や留意する点を含め、カンファレンスを行うなど、サービスにばらつきのないようにすることが、訪問看護と訪問介護の連携には欠かせないことといえます。また、そのことで、家族や利用者の混乱を避けることができます。

### 3　観察力と記録・連絡・報告

　訪問介護員は、在宅で暮らす人の生活に最も多くの時間かかわっている専門職です。限られた時間で介護サービスを提供する場合、それを実施することのみにとらわれて利用者の状態がみえていないことがあります。しかし、日頃から利用者の状態を観察することで、状態の変化に気づいて訪問看護師への報告により適切な対応ができたという報告がたくさんあります。

　利用者の状態の変化に気づくには、どのような状況がその利用者にとって緊急事態なのか、具体的に観察内容や報告内容について訪問看護師と話し合い、内容の記録と共有・共通理解が必要です。それでも訪問介護員にとって実施についての不安がないとはいえません。その気持ちを緩和（かんわ）するためにも、詳細（しょうさい）で綿密（めんみつ）な情報の提供、訪問看護と訪問介護の同行訪問、事業所内での研修等を行い、訪問看護事業所と訪問介護事業所との連携を図ることが大切です。

◎訪問看護事業所　　◎医師の指示書（訪問看護指示書）
◎訪問看護

（執筆：佐藤富士子）

# 5　リハビリテーション医療の意義と役割

　　リハビリテーション、あるいはリハビリという言葉から皆さんは何を連想するでしょうか。多くの人は高齢者が関節などの痛みの治療として受ける温熱療法のような物理療法や、骨折などでしばらく動かさずにいた関節の動きを戻したり、弱った筋肉の力を元に戻すための運動療法を思い浮かべるのではないでしょうか。これらはリハビリテーションの手段ではありますが、リハビリテーションという言葉の持つ意味はもっと広いものです。リハビリテーションの意義と役割の理解が必要です。
　　ここでは、
①　リハビリテーション
②　リハビリテーション医療の流れ
③　リハビリテーション医療と介護の連携
について理解してください。

## Ⅰ　リハビリテーション

　リハビリテーションという言葉はre（再び）という言葉とhabilitate（ふさわしくする、資格を得る）という言葉の名詞形（rehabilitation）からなります。habilitateはラテン語のhabilitasを語源としています。habilitasとはability（能力）のことであり、rehabilitationとはすなわち「能力を回復する」「ふさわしい状態に再びなる」という意味となります。英語では、倒産した会社の再建、失脚した政治家の復権、過去において断罪されたものの名誉回復などはすべてリハビリテーションと呼びます。

　日本におけるリハビリテーションとは、障害のある人を社会において再び生活できるようにする、自立できるようにすることを指しますが、単に機能的な意味のみならず、人間としても尊厳を回復し、社会で自立した人間として生活できるようにすることを指します。すなわち、人として当たり前の生活を送るという「ノーマライゼーション」の考え方が基本にあるといってよいでしょう。

## Ⅱ　リハビリテーション医療の流れ

### 1　自　立

　自立とは、自分で自分のすることを決定することができ、実行できる状態のことです。しかし、これはすべてのことを自分でできるということを意味するわけではありません。社会のなかで生きる限り、すべてのことを自分でできるということはあり得ません。例えば、会社に行くことを考えてみると、多くの人は電車やバスを使って職場に通勤するでしょう。人の助けを借りなければ職場にたどり着けません。ある人は、自分は徒歩で、あるいは自転車で通っていると言うかもしれませんが、通る道は誰が整備し、作ったのでしょうか。誰が維持しているのでしょうか。

　このように、人は互いに依存しながら生きているのです。たとえ介護を受ける状態であっても、自己決定できるということが自立であり、人間としての尊厳を回復した状態だということができます。リハビリテーションの目的は、人の自立を回復することにあります。

　自立とは、以下のように分類して考えることができます。

① 　身体的自立：生きるうえで必要な、さまざまな動作が自分でできること（ADLの自立）
② 　行動的自立：一人で行動できること（IADLの自立）
③ 　精神的自立：行動を自分で考え、決定できること

　どの状態の人に対しても、人としての尊厳を尊重するということが介護者の視点では重要となります。

### 2　ICFとリハビリテーション

　ICF\*（<ruby>国際生活機能分類<rt>こくさいせいかつ き のうぶんるい</rt></ruby>）は、2001（平成13）年にWHO（世界保健機関）が採択した「人のすべての側面のうち健康に関連する構成要素」を扱う分類です（図表2－19）。

　\*ICFについては、第2章―1「2　ICF（国際生活機能分類）」および第8章―1「1　障害の概念とICF（障害者福祉の基本理念）」を参照してください。

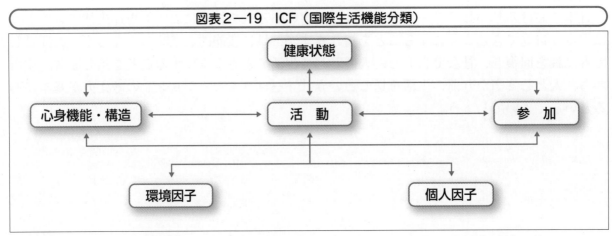

図表2―19　ICF（国際生活機能分類）

　医療において、治療医学とは、健康状態が損なわれているときにそれを治すことによって苦痛を取り除き、心身機能・構造を元に戻そうとし、そのことによって間接的に活動、参加を元に戻そうとする行為です。

それに対し、リハビリテーション医療では心身機能・構造に着目し、治療では治せない心身機能や構造に対して、あらゆる手段を使って活動を回復し、参加を促します。実際の医療のなかでは、リハビリテーション医療と病気そのものの治療は車の両輪のようなもので、同時並行的に、どちらかが「主」で他方が「従」であるような状態で進んでいきます。あるときには治療のみが行われ、あるときにはリハビリテーションのみが行われ、ときには同時に進行するといった状態となります。

## 3　生活の質（QOL：Quality of Life）

生活の質は、ICFのすべての構成要素が良好な状態にあるときに高いと考えることができます。生活の質には、その人の主観に基づく「主観的QOL」と客観的な状態から判断する「客観的QOL」の2つの見方があります。

例えば、ここに戦火にまみれた、貧しい、衛生状態の悪い国に生きる状態の人がいるとしましょう。その人が、ひなたぼっこをして、暖かくて、幸せだなぁと感じたとします。その人の生活の質は高いといえるでしょうか。その人の主観的な満足度は高いとはいえますが、客観的な生活の質は高いとはいえません。つまり、「客観的QOL」とは、主観とは異なり、その人が感じている満足感、幸福感とは別のものとなります。

## 4　日常生活動作（ADL：Activities of Daily Living）

ADLとは、生活のなかで人が朝起きてから寝るまでに行う基本的な動作です。①身の回り動作、②起居・移動動作に大別され、③コミュニケーションを含める場合もあります。

身の回り動作には、食事動作、排便・排尿動作、トイレの使用、更衣動作、整容（身づくろい）、入浴、洗身動作が含まれます。起居・移動動作には、寝返り、起き上がり、歩行、階段昇降が含まれます。車いす使用者においては、車いすの乗り降り（乗り移り）、車いす駆動が含まれます。コミュニケーションについては、意思や物事を伝達できるか、他者の言うことを理解できるか、またそれらの手段（言語、手話、文字、ジェスチャーなど）は何かなどを評価します。

IADL（手段的日常生活動作：Instrumental ADL）とは、ADLが日常的な基本動作であるのに対し、より高度な活動である料理、家事、外出、服薬の管理、金銭の管理、電話の使い方など、ADLでの動作を応用し、さらに動作範囲を広げた活動をいいます。

どのくらいADLができるかを測る（チェックする）ための尺度が開発されており、含まれる内容が尺度によって少し違いますが、基本的には、ADLの各動作と、それがどの程度できるか（自分でできる、介助を要する、できない）などの段階づけを行って、点数化し、その点数やその変化によってその人のADLを測って、リハビリテーションの進捗状況や、介助の量、方法を決めます。

### 5 リハビリテーション医療と自立

　リハビリテーションの目的は、障害を負った人の社会への再統合です。そのうちリハビリテーション医療では、ADLの自立を図ることが目的となります。

　ADLの自立を図るためには、関節の状態をよくしたり、筋力を回復させたりという心身機能の改善と残された機能（残存機能）を利用したADL遂行能力の再獲得を行います。

　例えば、食事動作を考えてみましょう。食事をするためには、まず座っていられなければなりません。そして、箸やスプーンを使うという手の機能が必要です。それを口に運ぶという上肢全体の機能も必要ですし、噛む、飲み込むといった口腔嚥下機能、さらには食事の仕方や選び方などの認知機能が必要となる場合もあります。装具を必要とする場合もあり得ます。このように一つの動作をとってもさまざまな要素から成り立ち、さまざまな職種が介入する必要があります。ですから、リハビリテーション医療では、一人の患者にたくさんのスタッフがチームによって関わる「チームアプローチ」という方法がとられます。

## Ⅲ リハビリテーション医療と介護の連携

　リハビリテーション医療では、チームアプローチによって患者のADLの自立を目指しますが、すべての患者がADLを自立できるわけではありません。また、訓練の場でできたからといって家庭に帰ってから同じ実力が発揮できるというわけでもありません。

　そこで、不足する部分を家族や訪問介護員などの介護者によって補うことが必要になります。そのために介護者とリハビリテーションスタッフとの連携が必要になります。もしも連携がうまく取れていないと、「家に帰ったら障害のある人や高齢者は過剰な介護により、できることもさせてもらえない」「尊厳を冒された」と感じることにもなるでしょう。また、ADLが自立しなくても済むことから生活の活力を失い、生きていく意欲を失うことにもつながりかねません。

　その逆に介護が不十分な場合には、十分にADLを遂行することができず、不衛生に陥ったり、食事も満足にとれず、健康を損なったり、不満やあきらめを覚えることにもつながり、過剰な介護と同様にその人の尊厳を損なってしまいます。

　つまり、先に述べたノーマライゼーションを実現するためには、リハビリテーション医療と介護との連携がきわめて重要なのです。

◎ノーマライゼーション　　◎国際生活機能分類（ICF）
◎QOL　　◎ADLの自立　　◎IADL

（執筆：飛松好子）

# 6　リハビリテーション医療の過程

リハビリテーション医療は、病気の治療とともに機能回復、機能維持のために行われます。しかし、治療とリハビリテーションとの兼ね合いは、病気と治療の進み具合で異なります。各時期のリハビリテーション医療についての理解が必要です。
ここでは、
① 急性期リハビリテーション
② 回復期リハビリテーション
③ 維持期リハビリテーション
について理解してください。

## Ⅰ　急性期リハビリテーション

病気やけがで治療が必要になった時には、それに対する治療が行われます。一方、人の身体は、治療に必要な安静や臥床によって、さらに弱ります。そこで、もともとの病気やけがの治療が最優先される時期においても、許される限りにおいて、リハビリテーションが開始されます。この時期のリハビリテーションを急性期リハビリテーションといいます（図表2—20）。

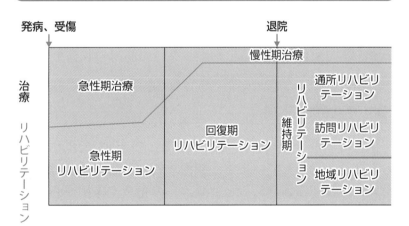

図表2—20　各時期の治療とリハビリテーション

人の身体は使わないと衰えてしまいます。このことを廃用といいます。安静によって生じた廃用にはさまざまな症状があるので、これらを廃用症候群（生活不活発病）と呼びます。

廃用には、①関節が動かなくなる拘縮、②筋肉が衰え、力が弱くなる筋萎縮と筋力低下、③骨が弱くなって骨折しやすくなる骨萎縮（骨粗鬆症）、④体力低下、⑤座位耐久性低下、⑥歩行能力低下、⑦認知機能の低下、⑧褥瘡などがあります。

急性期リハビリテーションでは、もともとの病気やけがに配慮しながら廃用症候群（生活不活発病）を予防し、回復に努めます。多くの患者はリハビリテーション室に向かうことができませんので、患者のベッドに理学療法士や作業療法士が赴いて訓練をすることとなり

ます。必要があれば、ICU（集中治療室）でも行われます。

　急性期リハビリテーションには、一般的な廃用症候群（生活不活発病）にもともとの病気やけがの要素が重なるため、疾患ごとに様相が異なります。次にいくつかの例を示します。

### 1　脳血管疾患

　脳血管疾患には脳梗塞、脳出血、くも膜下出血の3種類があります。多くは片マヒを残します。マヒした側の関節は動かないので、拘縮が生じやすくなってしまいます。また、高齢者に発症することが多く、先にあげた多様な廃用症候群（生活不活発病）を生じやすいので、急性期から積極的にリハビリテーションを行う必要があります。高齢者は、長期間寝たきりの状態が続くと自力で起き上がることが困難になります。早い時期から座位をとるようにして、ベッドから出て（早期離床）車いすを活用するなどして生活のメリハリをつけて、認知機能の低下にも配慮することが必要です。

### 2　大腿骨頸部骨折

　大腿骨頸部骨折は、骨粗鬆症をきたしがちな高齢者に多いものです。早期離床のために手術して骨折を金属等で止める治療が一般的です。しかし、骨折部の痛みや、手術創（手術でできた傷あと）の痛みでなかなか動くことができません。また、骨折前から活動性が低く、閉じこもりがちの人の場合には、さらに機能が低下してしまいます。

　寝たきりになってしまうと褥瘡ができたり、認知機能の低下や拘縮など状態はどんどん悪化してしまいます。入院したら、手術の前から痛みを与えないように配慮しつつ、身体を動かし、反対側の下肢の筋力や骨折側の下肢の筋力強化、関節拘縮の予防、精神機能への刺激を行います。筋力強化は、関節を動かさないで筋肉の収縮を行う等尺性筋力強化を行います。

### 3　不全頸髄損傷

　脊髄は、脳からの指令を手や足などの末梢に伝えたり、反対に末梢からの信号を脳へ伝える役割を果たしています。顔面以外の運動や感覚は、すべてこの脊髄を介して行われています。脊髄が損傷されると、脳からの指令や末梢からの信号が伝わらなくなります。そのため運動マヒ、感覚障害などのさまざまな障害が生じます。

　高齢者の場合、変形性脊椎症などがあると、転んで首を強く曲げたり、反らしたりすることによって脊椎の中の神経である脊髄を強く圧迫し、マヒすることがあります。これを不全頸髄損傷といいます。急性期には首の部分の安静により神経の回復を図り、同時に関節の拘縮が生じないようにベッドサイドでのリハビリテーションを行います。手足の筋肉の強張りや関節の痛みを訴えることが多く、薬などで調整しながら、機能改善を図ります。

## Ⅱ　回復期リハビリテーション

　回復期リハビリテーションは、もともとの病気やけがの状態が落ち着き、厳格な安静や治

療が必要ではなくなった時期に行われるリハビリテーションです（図表2―20）。入院の主たる目的はリハビリテーションです。廃用に対する予防と改善のためのリハビリテーションと、ADLの自立、機能改善を目的とした機能訓練が行われます。回復期病棟というそのための特別な病棟や病院に移って行うこともしばしばです。

　理学療法では、主に移動能力の改善を目的とした歩行訓練を、車いす使用の人には車いすの乗り移りや動かし方の訓練をします。作業療法では、主にADLを自立させる訓練を行います。失語や、嚥下障害がある場合には言語聴覚士が訓練を行います。家庭に復帰したときに介護が必要な場合には、家族に介護の仕方を教えます。

## Ⅲ　維持期リハビリテーション

　急性期リハビリテーション、回復期リハビリテーションが終わると、いよいよ家庭に帰ることとなります。しかし、すべての人がADLが自立できるわけではありません。また、たとえADLが自立したとしても障害は残っています。

　病院を退院したからといってリハビリテーションは終わったわけではありません。回復期リハビリテーションが終わった後には維持期リハビリテーションが必要となります（図表2―20）。維持期リハビリテーションの目的は2つあります。

　目的の一つは、さらなる機能改善を目指すことです。回復期リハビリテーションが終わったからといって、できうる最高の機能に到達できている人ばかりではありません。その後の粘り強い機能訓練で少しずつ機能の改善が図られる場合もあります。日々繰り返しの練習による効果ということも期待できます。日常生活の動作を通して機能改善が図られることもあります。ただし、やみくもに回復にすがるのではなく、客観的に機能障害の状態を知るために医師などの専門家の判断を仰ぎましょう。

　もう一つは、機能の維持です。関節の拘縮を予防したり、筋力の低下を防いだり、つまり廃用症候群（生活不活発病）に陥らないようにすることです。

　維持期のリハビリテーションは、訪問リハビリテーション、通所リハビリテーション、地域リハビリテーション、といった形で提供されます。

　機能の維持を図る最良の方法は、日常生活をできるだけ自分で行い、適度な介護で補うというものです。介護が過剰になると自立の芽を摘んでしまいます。介護とは当事者とともに自立の道を歩んでいくものといえます。介護も維持期リハビリテーションの一部です。このような考えに基づいた介護をリハビリテーション介護といいます。

今後の学習のための　🔑キーワード

◎廃用症候群（生活不活発病）　　◎リハビリテーション介護

（執筆：飛松好子）

# 7　訪問・通所・地域リハビリテーション

　　維持期リハビリテーションを受ける人の多くは地域に住む人です。維持期リハビリテーションは、訪問・通所・地域の3とおりの形で提供されます。
　ここでは、
①　訪問リハビリテーション
②　通所リハビリテーション
③　地域リハビリテーション
について理解してください。

## Ⅰ　訪問リハビリテーション

　訪問リハビリテーションとは、在宅において介護の必要な人に対し、理学療法士などの専門職が訪問してリハビリテーションサービスを行うことです。維持期リハビリテーションの一つです。

　回復期リハビリテーションを終えて在宅生活を始めた人にとって、リハビリテーションは終わったわけではありません。機能維持のために、そして廃用を予防するために、リハビリテーションは引き続き必要です。生活のなかで、繰り返し動作を行うことによって機能の改善が得られることもあります。そのようなときには粘り強い練習と適切な指導、励ましが必要になります。また、家庭環境が変わるようなときに、どのような住環境にしたらよいかなどのアドバイスも必要です。訪問リハビリテーションは、生活に密着し、総合的なケアプランに基づいて、さまざまなリハビリテーション専門スタッフによって行われます。このようにさまざまな職種が関与しますので、スタッフ間の連携が重要となります。

---

### コラム　リハビリテーションにかかわる主な専門職

**(1) 医　師**
　医学的管理を行い、リハビリテーションが必要かどうかを判断します。必要と認めた場合には指示を出します。

**(2) 保健師、看護師**
　医師の指示の下、必要に応じて、歩行練習などの身体を動かす介助をしたり、服薬管理や生活指導、衛生面の管理や援助を行います。

### (3) 療法士（セラピスト）

廃用の予防、生活の場での機能訓練、ADLの指導、生活動作の改善、住環境の整備に対するアドバイスなど、生活に密着したリハビリテーションを提供します。病院にいるときよりも環境に密着して生活しているので、よりきめの細やかなリハビリテーションが行えます。理学療法士は機能訓練を、作業療法士はADL訓練や住環境等の整備の助言を、言語聴覚士は言葉の指導や嚥下（えんげ）の指導などを行います。

### (4) 栄養士

食生活に対する栄養指導を行います。在宅の高齢者は慢性疾患（まんせいしっかん）を抱えていることも多く、食生活は大事です。太りすぎは骨や関節に負担がかかります。痩（や）せすぎは、体力が落ち、病気にかかりやすくなってしまいます。糖尿病の人に対しては、治療食や、バランスの取れた食生活の指導を行います。

### (5) 薬剤師

服薬（ふくやく）指導を行います。在宅の高齢者は慢性疾患（まんせいしっかん）を抱えていることも多く、さまざまな薬を飲んでいる場合がほとんどです。薬の飲み方や飲み忘れのチェックなど、本人や家族にアドバイスをします。

## Ⅱ 通所リハビリテーション

### 1 通所リハビリテーション

通所リハビリテーションは、在宅の要介護（支援）認定を受けた高齢者のうち、症状が安定しており医師に必要と認められた人が、病院や診療所、介護老人保健施設等に通ってリハビリテーションサービスを受けるものです。訪問リハビリテーションと違い、通わなくてはならず、一人ひとりの状況に応じたきめ細かいサービスを受けられるわけではありませんが、その代わりに他人との関わりも生まれ、気分転換にもなり、社会参加を促すものといえます。また、同居している家族にしてみれば、その間、介護負担が軽減され、用事を済ませたり自分のこともできるなどのメリットがあります。

### 2 通所リハビリテーションで受けられるサービス

#### (1) 機能訓練

訪問リハビリテーションと同じように理学療法士、作業療法士、言語聴覚士などのセラピストから訓練を受けることができます。

#### (2) 生活支援サービス

入浴サービス、栄養士の作った献立（こんだて）に基づく食事の提供などを受けることができます。

#### (3) レクリエーション

集団でのレクリエーションや、各自の好みに応じた趣味活動を行うことができ、援助も受けることができます。

#### (4) その他

身体の不自由な高齢者でも通える送迎サービスがあります。また、個別の介護やリハビ

リテーション等に関する相談をしたり、援助を受けることもできます。長時間留まるだけの体力のない人には短時間コースも選べます。

## Ⅲ　地域リハビリテーション

### 1　地域リハビリテーション

　地域リハビリテーションとは、「障害のある人々や高齢者およびその家族が住み慣れたところで、そこに住む人々とともに、一生安全に、生き生きとした生活が送れるよう、医療や保健、福祉および生活にかかわるあらゆる人々や機関・組織がリハビリテーションの立場から協力し合って行う活動のすべてをいう」と定義されています。

### 2　地　域

　地域とは、コミュニティーのことです。人は、家族を単位として暮らしていますが、家族は周りの社会のなかで地域とのつながりを持って生きています。防災や教育、その他暮らしに関わることなど、地域のなかでネットワークがあり、互いに連携しながら暮らしていけるようになっています。高齢者や障害のある人々は地域の構成員です。地域は住民が暮らしやすいように、住民が一様にその構成員でなければなりません。このような考えに基づいて、高齢者や障害者が地域で暮らしていくことができ、また、構成員として社会参加できるようにすることが地域リハビリテーションです。

### 3　社会参加

　社会参加とは、社会のなかで役割を担い、そこで活動することによって社会の発展に貢献し、また、他者と交流して互いを助け合ったり、啓発したりすることです。この場合の社会とは、地域のことです。例えば、子どもは学校に行きます。社会的にはその子の役割は学童ということです。学校で勉強をし、集団生活を知り、学んで成長していくことがその子の社会参加です。大人は仕事に行きます。働き、家庭を支え、税金を払って地域を支えるという社会参加の仕方をします。

　このような社会における役割を高齢者や障害のある人も持っています。社会と関わりがなくなってしまうと家に閉じこもったり、人との交流が絶たれてしまいます。閉じこもってしまうと廃用は進み、生活は不活発になり、世の中のことに興味・関心がなくなり、生きがいを失ってしまいます（閉じこもり症候群）。

　高齢者、障害者の社会参加を促し、社会における居場所、役割をともに担うようにすることが地域リハビリテーションです。

## 4　地域リハビリテーションを行うために

　さまざまなニーズに対応できる継続的な支援システムが必要です。そのために地域リハビリテーション支援センターが作られています。

　リハビリテーション医療の段階においては急性期から回復期、維持期へとスムーズに流れ、病院から地域へと受け渡されていくことが必要となります。そのためにも医療と介護との連携が大事になります。

　このような専門職によるリハビリテーションや介護の提供のみならず、地域において社会参加を促すためには、その地域の住民を含めた取組みが必要になります。そのための啓発活動も必要となります。

今後の学習のためのキーワード

◎機能維持　　◎機能の改善　　◎社会参加
◎閉じこもり症候群

（執筆：飛松好子）

# 1　制度創設の理念・背景と目的

障害者福祉を学ぶとき、わが国における法律が定める障害の捉え方、障害者（児）福祉施策の変遷、障害者雇用の実態等を理解することは、介護サービスを展開する際に大切になってきます。
ここでは、
① 　わが国の法律で定める障害の捉え方
② 　障害者（児）福祉の背景と動向
③ 　障害者雇用と就労状況
について理解してください。

## Ⅰ　わが国の法律で定める障害の捉え方

### 1　障害者基本法における障害

　障害者福祉施策の基本となる事項と国及び地方公共団体の責務を規定した障害者基本法は、2011（平成23）年の改正により、第2条に、障害者を「身体障害、知的障害、精神障害（発達障害を含む。）その他の心身の機能の障害（以下「障害」と総称する。）がある者であって、障害及び社会的障壁により継続的に日常生活又は社会生活に相当な制限を受ける状態にあるものをいう。（社会的障壁とは、障害がある者にとって日常生活又は社会生活を営む上で障壁となるような社会における事物、制度、慣行、観念その他一切のものをいう）」と、あらたに定義しました。

　これは、後述の国連「障害者の権利に関する条約」による障害の概念を踏まえたものであり、同条約批准のための国内法整備の一環として改正されました。

　障害者基本法上の障害者の定義では、障害者を幅広く捉えられますが、例えば、障害福祉サービスの対象となる者については、サービスの給付について定めた障害者総合支援法等に規定されるなど、関係各法において、詳細に規定されています。

### 2　身体障害者福祉法における定義

#### (1)　身体障害者の定義

　身体障害者福祉法の第4条において、「『身体障害者』とは、別表に掲げる身体上の障害がある18歳以上の者であつて、都道府県知事から身体障害者手帳の交付を受けたものをいう」と規定されています。別表とは、図表3—1に示しているとおりです。

図表３－１　身体障害者福祉法に規定している別表

一　次に掲げる視覚障害で、永続するもの
　1　両眼の視力（万国式試視力表によって測ったものをいい、屈折異常がある者については、矯正視力について測ったものをいう。以下同じ。）がそれぞれ0.1以下のもの
　2　一眼の視力が0.02以下、他眼の視力が0.6以下のもの
　3　両眼の視野がそれぞれ10度以内のもの
　4　両眼による視野の２分の１以上が欠けているもの
二　次に掲げる聴覚又は平衡機能の障害で、永続するもの
　1　両耳の聴力レベルがそれぞれ70デシベル以上のもの
　2　一耳の聴力レベルが90デシベル以上、他耳の聴力レベルが50デシベル以上のもの
　3　両耳による普通話声の最良の語音明瞭度が50パーセント以下のもの
　4　平衡機能の著しい障害
三　次に掲げる音声機能、言語機能又はそしゃく機能の障害
　1　音声機能、言語機能又はそしゃく機能の喪失
　2　音声機能、言語機能又はそしゃく機能の著しい障害で、永続するもの
四　次に掲げる肢体不自由
　1　一上肢、一下肢又は体幹の機能の著しい障害で、永続するもの
　2　一上肢のおや指を指骨間関節以上で欠くもの又はひとさし指を含めて一上肢の二指以上をそれぞれ第一指骨間関節以上で欠くもの
　3　一下肢をリスフラン関節以上で欠くもの
　4　両下肢のすべての指を欠くもの
　5　一上肢のおや指の機能の著しい障害又はひとさし指を含めて一上肢の三指以上の機能の著しい障害で、永続するもの
　6　1から5までに掲げるもののほか、その程度が1から5までに掲げる障害の程度以上であると認められる障害
五　心臓、じん臓又は呼吸器の機能の障害その他政令で定める障害（※）で、永続し、かつ、日常生活が著しい制限を受ける程度であると認められるもの
　※政令で定める障害（令第36条）
　　(1)　ぼうこう又は直腸の機能の障害
　　(2)　小腸の機能の障害
　　(3)　ヒト免疫不全ウイルスによる免疫の機能の障害
　　(4)　肝臓の機能の障害

## (2)　身体障害の種類と障害等級

### ①　身体障害の種類

　　身体障害の種類は、視覚障害、聴覚または平衡機能障害、音声機能・言語機能またはそしゃく機能の障害、肢体不自由（上肢、下肢、体幹、乳幼児期以前の非進行性の脳病変による運動機能障害）、内部障害（心臓、腎臓、呼吸器、ぼうこうまたは直腸、小腸、ヒト免疫不全ウイルスによる免疫の機能、肝臓の機能の障害）です。

### ②　障害等級

　　障害の程度を表す「障害等級」は、重度のものから順に１級から７級まであります。ただし、障害等級７級だけでは、身体障害者手帳の交付対象とはなりません。障害等級７級は、肢体不自由についてのみあり、この７級に該当する障害が２つ以上あれば６級として認定され、手帳の交付対象となります。

## (3)　身体障害者手帳の交付

　　身体障害者手帳の交付申請は、都道府県知事が指定する医師の診断書（意見書）を添え

て、居住地の市町村経由で行い、その申請に基づき、都道府県知事から交付されます。なお、政令指定都市、中核市の場合は、市長から交付されます。

## 3 知的障害者の定義

### (1) 知的障害者の定義

わが国の法律において、知的障害者の定義はありません。知的障害の判定は、児童相談所、知的障害者更生相談所の行政機関で行われていますが、その判定基準は全国で統一されているものではなく、各自治体によって異なっています。

### (2) 療育手帳の交付

知的障害児（者）に対して、さまざまな支援を円滑に行うために、療育手帳を交付しています。手帳の交付は、都道府県知事および政令指定都市市長が市町村や関係機関の協力を得て行います。「療育手帳制度の実施について」（児発725号、昭和48年9月27日）によれば、療育手帳における障害の程度は、「A－重度」、「B－その他」と表記することになっています。

しかしながら、この表記は都道府県によって異なり、例えば、東京都の場合、療育手帳を「愛の手帳」といい、障害の程度は1度から4度に分けています。また、「療育手帳制度について」（厚生省発児156号、昭和48年9月27日）において、都道府県知事および政令指定都市市長は、交付後に障害の程度を確認するために、原則として2年ごとに児童相談所または知的障害者更生相談所において判定を行うことにしています。

### (3) 「知的障害児（者）基礎調査」※における知的障害の定義

厚生労働省は、概ね5年ごとに知的障害児（者）基礎調査を実施していました。その調査のなかで定義されている知的障害とは、「知的機能の障害が発達期（おおむね18歳まで）にあらわれ、日常生活に支障が生じているため、何らかの特別の援助を必要とする状態にあるもの」とされています。その判定基準は、標準化された知能検査（ウェクスラーによるもの、ビネーによるものなど）によって測定された結果、知能指数が概ね70までのもので、日常生活能力（自立機能、運動機能、意思交換、探索操作、移動、生活文化、職業等）の到達水準等を総合的に判断することになっています。

※知的障害児(者)基礎調査・・・・現在は、「生活のしづらさなどに関する調査について（全国在宅障害児・者等実態調査）」に統合されている。

## 4 「精神保健及び精神障害者福祉に関する法律」における精神障害者の定義

### (1) 精神障害者の定義

「精神保健及び精神障害者福祉に関する法律」において、精神障害者とは、「統合失調症、精神作用物質による急性中毒又はその依存症、知的障害、精神病質その他の精神疾患を有する者」と定義されています。

この定義では、知的障害も精神障害に含まれていますが、福祉の分野では知的障害は知的障害者福祉法及び障害者総合支援法によって支援体制が構築されており、この定義が知的障害者にそのまま用いられるのは精神医療の分野に限られています。

### (2) 精神障害者保健福祉手帳の交付

精神障害者（知的障害者を除く）は、居住地の市町村長を経由して都道府県知事（指定都市市長）に精神障害者保健福祉手帳の交付を申請することができます。都道府県知事

（指定都市市長）は、政令で定める精神障害の状態にあると認めたときは、申請者に精神障害者保健福祉手帳を交付しなければなりません。

**(3)　精神障害者の障害等級**

　　精神障害者の障害の程度は、精神障害者保健福祉手帳の障害等級によって表されています。その障害等級は、重度のものから順に1級から3級まであります。それぞれの障害の状態は、図表3－2のとおりです。この判定は、①精神疾患の存在の確認、②精神疾患（機能障害）の状態の確認、③能力障害の状態の確認、④精神障害の程度の総合判定、の順に行われます。

図表3－2　精神障害者保健福祉手帳の障害等級

| 障害等級 | 障害の状態 |
|---|---|
| 1級 | 日常生活の用を弁ずることを不能ならしめる程度のもの |
| 2級 | 日常生活が著しい制限を受けるか、又は日常生活に著しい制限を加えることを必要とする程度のもの |
| 3級 | 日常生活若しくは社会生活が制限を受けるか、又は日常生活若しくは社会生活に制限を加えることを必要とする程度のもの |

## 5　発達障害者支援法における発達障害者の定義

**(1)　発達障害者の定義**

　　発達障害者支援法の第2条第1項において「発達障害」とは、「自閉症、アスペルガー症候群その他の広汎性発達障害、学習障害、注意欠陥多動性障害その他これに類する脳機能の障害であってその症状が通常低年齢において発現するものとして政令で定めるもの」と規定されています。政令で定めるものとは「脳機能の障害であってその症状が通常低年齢において発現するもののうち、言語の障害、協調運動の障害その他厚生労働省令で定める障害」を指しています。さらに、「『発達障害者』とは、発達障害がある者であって発達障害及び社会的障壁により日常生活又は社会生活に制限を受けるものをいい、『発達障害児』とは、発達障害者のうち18歳未満のものをいう」と示されています。

**(2)　発達障害児の発見と専門機関**

　　発達障害児は早期発見・早期支援が重要であり、発達障害児の発見は、母子保健法による健康診査、学校保健安全法による健康診断によっています。これらの健康診査などによって児童に発達障害の疑いがある場合には、早期に医学的判定や心理学的判定を受けられる発達障害者支援センターや都道府県が確保した医療機関を訪問することになります。

　　介護者は、発達障害児を支援する際には、これらの発達障害者支援センターや医療機関と連携することが大切です。

## 6　障害者総合支援法における障害者の定義

**(1)　障害者の定義**

　　障害者総合支援法における障害者は、法の第4条第1項に規定されています。

①　身体障害者福祉法第4条に規定する身体障害者のうち18歳以上である者

②　知的障害者福祉法にいう知的障害者のうち18歳以上である者

③　精神保健及び精神障害者福祉に関する法律第5条第1項に規定する精神障害者（発達障害者支援法第2条第2項に規定する発達障害者を含み、知的障害者福祉法にいう知的障害者を除く）のうち18歳以上である者

④　治療方法が確立していない疾病その他の特殊の疾病であって政令で定めるものによる障害の程度が厚生労働大臣が定める程度である者で18歳以上である者（いわゆる難病等）

### (2) 障害児の定義

障害者総合支援法における障害児は、法の第4条第2項に規定されています。

・障害児とは、児童福祉法第4条第2項（※）に規定する障害児をいう。

※身体に障害のある児童、知的障害のある児童、精神に障害のある児童（発達障害者支援法第2条第2項に規定する発達障害児を含む）又は治療方法が確立していない疾病その他の特殊の疾病であつて障害者の日常生活及び社会生活を総合的に支援するための法律第4条第1項の政令で定めるものによる障害の程度が同項の主務大臣が定める程度である児童。

## Ⅱ　障害者（児）福祉の背景と動向

### 1　終戦後から「国際障害者年」以前までの障害者福祉の背景と動向

現在の障害者福祉の原型は、1945（昭和20）年の第2次世界大戦の終戦から始まります。終戦直後の日本は、国家財政の破綻とインフレーションの激化、国民生活の貧困等混乱の時代でした。この時期は、貧困対策がもっとも重要な課題でした。そこで、貧困対策から障害者対策への変遷をみておきます。

### (1) 貧困対策から障害者対策へ

終戦直後の1945（昭和20）年に政府は、「生活困窮者緊急生活援護要綱」を閣議決定しました。この要綱は、「傷痍軍人」としての障害者が対象であり、軍人以外の障害者は対象にはなっていませんでした。その後、GHQ（連合国軍最高司令部）の指導により非軍事化と平等化が進められ、軍人関係者に対する特別扱いがなくなり、障害者対策は貧困対策のなかで対応されてきました。

1946（昭和21）年には「旧生活保護法」が施行され、障害による生活困窮者に対する救済が始まりました。この法律は、1950（昭和25）年に廃止され、同年に日本国憲法の生存権の理念にそって新たな生活保護法が制定されました。政府は、1947（昭和22）年に「傷痍者保護対策要綱」をまとめて、軍人以外の身体障害のある人に対する対策を推進しました。この要綱に、貧困対策から障害者対策への萌芽がみられます。

### (2) 身体障害者福祉法、知的障害者福祉法、精神保健福祉法の制定へ

1948（昭和23）年に、厚生省（現厚生労働省）は、身体障害者に対する更生援護を所管する社会局更生課を設置し、「身体障害者福祉法」の制定作業を始め、1949（昭和24）年に制定しました。この法律が障害者福祉の法律として、1950（昭和25）年に初めて施行され、障害者対策が出発したといえます。当時の財政状況の厳しさを反映して、障害の種類を限定するとともに、18歳以上の身体障害者を対象とし、18歳未満は児童福祉法の対象としました。

「知的障害者福祉法」は、身体障害者福祉法の施行から約10年後に、「精神薄弱者福祉法」（1999（平成11）年から「知的障害者福祉法」）として1960（昭和35）年に制定・施行

されました。この法律は、精神薄弱者援護施設を法律的に位置づける施設中心の内容でした。

精神障害者に関する法律は、1950（昭和25）年に「精神衛生法」として施行されました。この法律は、精神科病院の設置を都道府県に義務づけたり、病気の予防、健康増進等医療・保健を中心としたものでした。精神障害者の福祉が本格的に登場するのは1995（平成7）年の「精神保健及び精神障害者福祉に関する法律」（精神保健福祉法と呼ばれています）の施行を待たなければなりません。

1970（昭和45）年に「心身障害者対策基本法」が制定され、障害者間を横断的にみる法律が登場します。この法律が、後の「障害者基本法」へと発展します。

このように、障害者の福祉に関する法律は、1950年代から1970年代にわたって制定・施行されてきました。

### (3) 高度経済成長期における障害者福祉

1960年代から1970年代にかけて、高度経済成長を背景に身体障害や知的障害などの障害の種類別に福祉施策が展開され、入所型施設を設置する方向で進められました。

## 2 国際障害者年から「社会福祉基礎構造改革」に至る障害者福祉の背景と動向

わが国の障害者福祉にとって、1981（昭和56）年の「国際障害者年」は大きな転機をもたらしました。「完全参加と平等」をスローガンとして国際的な行動計画を決議しました。国連は、国際障害者年の翌年の1982（昭和57）年に「障害者に関する世界行動計画」を採択し、1983（昭和58）年から1992（平成4）年までを「国連・障害者の十年」と位置づけ、「障害者に関する世界行動計画」を各国が具体化することを要請しました。

これを受けて政府は、「国際障害者年推進本部」を設置し、主な障害者団体が集まって「国際障害者年日本推進協議会」が発足しました。これによって、障害者福祉の課題や施策について、大きな組織が形成されて国民の間で多くの議論が活発になされるようになりました。

このような背景によって、「障害者対策に関する長期計画」（1982（昭和57）年）の策定、「障害者対策に関する新長期計画」（1993（平成5）年）の策定、「障害者基本法」（同年）の施行、その後に「障害者プラン〜ノーマライゼーション7か年戦略〜」が策定されました。また、障害者の所得保障として、「障害基礎年金制度」が1986（昭和61）年に実現しました。

### (1) 障害者プラン〜ノーマライゼーション7か年戦略〜

1995（平成7）年12月の「障害者プラン〜ノーマライゼーション7か年戦略〜」は、「障害者対策に関する新長期計画」の残りの7年（1996（平成8）年度〜2002（平成14）年度）の重点施策実施計画として、関係省庁が横断的に障害者施策に関する年次計画、数値目標、予算措置を具体化し実施計画を策定しました。

### (2) 「完全参加と平等」を具体化する法律の制定

1990年代は、国際障害者年の「完全参加と平等」を具体化する法律が相次いで制定されました。

① 「身体障害者の利便の増進に資する通信・放送身体障害者利用円滑化事業の推進に関する法律」（1993（平成5）年11月施行）

② 「高齢者、身体障害者等が円滑に利用できる特定建築物の建築の促進に関する法律（通称：ハートビル法）」（1994（平成6）年9月施行）

③　「高齢者、身体障害者等の公共交通機関を利用した移動の円滑化の促進に関する法律（通称：交通バリアフリー法」（2000（平成12）年11月施行）

　さらに、時代の要請に基づき、2006（平成18）年12月には、ハートビル法と交通バリアフリー法を統合し、「高齢者、障害者等の移動等の円滑化の促進に関する法律（通称：バリアフリー新法)」が施行されました。

　国際障害者年を契機にわが国の障害者福祉は、ノーマライゼーション理念の浸透とともに、人権の尊重、生活の質の向上へと転換していきます。

### (3)　社会福祉基礎構造改革と社会福祉法の制定

　少子・高齢社会が急速に進むなかで、社会保障制度の基本的な検討が行われました。1995（平成7）年7月に、社会保障制度審議会は「社会保障体制の再構築に関する勧告──安心して暮らせる21世紀の社会を目指して」を取りまとめました。この勧告は、介護保険制度の創設、社会福祉事業の検討を提言しました。介護保険法が、1997（平成9）年に成立し、社会福祉事業の見直しは、「社会福祉基礎構造改革」として2000（平成12）年6月に社会福祉事業法が社会福祉法に改正されたのを皮切りに、身体障害者福祉法、知的障害者福祉法、児童福祉法等、福祉八法の全てが改正されました。

　社会福祉基礎構造改革は、今後増大・多様化が見込まれる国民の福祉ニーズに対応するために社会福祉の枠組みを見直しました。その柱は、

①　福祉サービスの利用者と提供者の対等な関係の確立
②　地域での個人の需要に応じた多様なサービス主体の参入
③　信頼と納得の得られるサービスの質と効率性の向上
④　利用者の選択と信頼確保のための情報公開等による事業運営の透明性の確保
⑤　増大する社会福祉費用の公平かつ公正な負担
⑥　住民の積極的な参加による地域に根ざした福祉の文化の創造

を改革の基本的方向とされました。

　改正された社会福祉法の新たな制度の柱は、

①　利用者の立場に立った社会福祉制度の構築
　(ア)　福祉サービスの利用制度化──措置制度から支援費制度への移行等
　(イ)　利用者保護のための制度の創設
　　・地域福祉権利擁護事業の実施（2007（平成19）年4月から「日常生活自立支援事業」へ名称変更）
　　・苦情解決の仕組みの導入──苦情解決の窓口の設置義務、苦情解決のための運営適正化委員会の設置等
②　地域福祉の推進──福祉の実施機関は主に市町村に
③　サービスの質の向上──情報の提供等
④　社会福祉事業の充実・活性化──相談援助事業の推進等

### (4)　成年後見制度の創設

　知的障害、精神障害、認知症等のために判断能力が不十分な人の、財産管理や遺産分割、日常の権利侵害の保護・支援を行うために、従来の「禁治産・準禁治産制度」を見直し、後見人、保佐人、補助人が支援する新たな「成年後見制度」が民法の改正によって2000（平成12）年4月に施行されました。

### (5)　障害者基本計画の策定

　国の障害者福祉に関する基本的な計画を策定したものが「障害者基本計画」ですが、障害者基本計画は2002（平成14）年に策定しました。その計画は、「国民誰もが相互に人格と個性を尊重し支え合う共生社会」の実現を基本的な考え方としています。そして、横断的な視点として「社会のバリアフリー化の推進」「利用者本位の支援」「障害の特性を踏まえた施策の展開」「総合的かつ効果的な施策の推進」をあげています。

　障害のある人が社会の対等な構成員として人権を尊重され、自己選択と自己決定の下に社会活動に参加・参画し、社会の一員として責任を分かち合う社会を構築しようとしています。

## 3　支援費制度と障害者自立支援法、発達障害者支援法の制定

　社会福祉基礎構造改革によって、2003（平成15）年4月に身体障害者、知的障害者、障害児の分野では、支援費制度が導入されました。その後、支援費制度の不備（制度を維持管理する仕組みの脆弱さ等）により2004（平成16）年10月に、厚生労働省は「今後の障害保健福祉施策について（改革のグランドデザイン案）」を提示しました。

### (1)　支援費制度の導入

　2003（平成15）年4月から、身体障害者、知的障害者や障害児への福祉サービスの制度が、措置権者である都道府県知事や市町村長が行政処分として福祉サービスの内容や入所すべき施設等を決定してきた「措置制度」から、障害者自らが福祉サービスを選び、施設や在宅福祉サービスの事業者と契約を結び、福祉サービスを利用する「支援費制度」に移行しました。この支援費制度では、障害者の自己決定が尊重され、利用者本位のサービスの提供が基本となり、利用者と事業者が対等な関係に基づき、障害者自らがサービスを選択し、契約によって福祉サービスを利用するという理念が実現しました。

### (2)　障害者自立支援法の制定

　障害者自立支援法は、2005（平成17）年10月に成立し、2006（平成18）年10月に全面施行されました。障害者自立支援法は、障害者が地域で自立した生活を営むことができるよう支援する地域づくりを行うことを目標としています。

　障害者自立支援法による改革としては以下の通りです。

① 　障害福祉サービスの一元化（身体障害、知的障害、精神障害の3障害の制度を統合）
② 　障害者がもっと働ける社会（新たな就労支援事業を創設し、就労支援を強化）
③ 　地域の限られた社会資源の活用（規制緩和）
④ 　公平なサービス利用のための「手続きや基準の透明化、明確化」
　　・市町村審査会の意見聴取など支給決定のプロセスを透明化するとともに「障害程度区分」を導入。
⑤ 　増大する福祉サービス等の費用を皆で負担し、支え合う仕組みの強化
　　・利用したサービスの量や所得に応じた利用者負担（原則1割の定率負担）の導入。
　　・障害福祉サービスの費用について、これまで国が補助する仕組みであった在宅サービスも含め、国が義務的に負担する仕組みに改める。

### (3)　発達障害者支援法の制定

　発達障害は、障害者としての位置づけが不明確で、その発見や対応が遅れがちでした。このような背景のもと、2005（平成17）年4月に「発達障害者支援法」が施行されました。

この法律によって、発達障害のある人に対して、早期の発見・発達支援、保育、教育、放課後児童健全育成事業の利用、就労支援、地域での生活支援、権利擁護および家族への支援など、ライフステージに応じた一貫した支援ができるようになりました。地域における中核として発達障害者支援センターが、都道府県・政令指定都市に整備されてきました。

## 4　障害者福祉の今後の動き（国連「障害者の権利に関する条約」をめぐって）

障害者福祉は、激動の時代に入っています。障害者自立支援法が施行された後、国連において、「障害者の権利に関する条約」が2006（平成18）年12月13日に採択され、2008（平成20）年5月3日に発効しました。

わが国は、批准に向けて障害者に関係する法律の整備を進め、2014（平成26）年1月に批准しました。

### (1)　国連「障害者の権利に関する条約」

国連「障害者の権利に関する条約」の第1条に「すべての障害者によるあらゆる人権及び基本的自由の完全かつ平等な享有を促進し、保護し、及び確保すること並びに障害者の固有の尊厳の尊重を促進することを目的とする」と規定されています。また、「固有の尊厳、個人の自律及び自立、差別されないこと、社会に完全かつ効果的に参加すること」等の一般原則が明記されています。

### (2)　「障がい者制度改革推進本部」の設置

「障害者の権利に関する条約」の締結に必要な国内法の整備をはじめとするわが国の障害者福祉施策を総合的かつ効果的に推進するため、政府は「障がい者制度改革推進本部」を設置しました（2009（平成21）年12月8日閣議決定）。この推進本部は、内閣総理大臣を本部長としてすべての国務大臣で構成され、その下に障がい者制度改革推進会議（2012（平成24）年7月に廃止）が設けられ、さらに総合福祉部会等の部会を設置して障害者制度改革の推進体制をとりました。

その後、2010（平成22）年6月29日には「障害者制度改革の推進のための基本的な方向について」を閣議決定し、障害者制度改革の基本的な考え方や改革の基本的方向性と今後の進め方を示しています。それによれば、基本的な考え方は、「あらゆる障害者が障害のない人と等しく自らの決定・選択に基づき、社会のあらゆる分野の活動に参加・参画し、地域において自立した生活を営む主体であることを改めて確認する。また、日常生活又は社会生活において障害者が受ける制限は、社会の在り方との関係によって生ずるものとの視点に立ち、障害者やその家族等の生活実態も踏まえ、制度の谷間なく必要な支援を提供するとともに、障害を理由とする差別のない社会づくりを目指す。これにより、障害の有無に関わらず、相互に個性の差異と多様性を尊重し、人格を認め合う共生社会の実現を図る」としています。

### (3)　障害者自立支援法等の一部改正

障害者自立支援法の廃止を決定し、障がい者制度改革推進会議において検討している新たな法律を制定することになりました。そして、それまでの間、現状の障害者福祉施策を円滑に推進するために、障害者自立支援法等の一部を改正し、「障がい者制度改革推進本部等における検討を踏まえて障害保健福祉施策を見直すまでの間において障害者等の地域生活を支援するための関係法律の整備に関する法律」が2010（平成22）年12月10日に公布

されました。この法律は、2012（平成24）年4月1日までに施行されました。その主な改正の柱は、以下のとおりです。

①　利用者負担について、応能負担を原則とするとともに低所得者を無料とし、障害福祉サービスと補装具の利用者負担を合算し負担を軽減。

②　発達障害を法の対象範囲とすることを明確化。

③　相談支援の充実（基幹相談支援センターの位置づけ、地域移行支援・地域定着支援の個別給付化、サービス等利用計画を原則全対象者に拡大等）

④　障害児支援の強化（3障害一元化、放課後等デイサービス・保育所等訪問支援の創設）

⑤　グループホーム・ケアホームの家賃助成、同行援護の創設　等

**(4)　障害者の日常生活及び社会生活を総合的に支援するための法律（障害者総合支援法）の制定**

　障がい者制度改革推進会議における検討を踏まえ、障害者自立支援法を廃止するのではなく改正し、障害者総合支援法が、2012（平成24）年6月20日に成立し、同年6月27日に公布されました。2013（平成25）年4月1日に施行されました。

　新たな障害者福祉施策の改正のポイントとして、

①　障害者自立支援法に代わる障害者総合支援法の制定（法律名の変更）

②　制度の谷間のない支援の提供（難病を対象に追加）

③　個々のニーズに基づく地域生活支援体系の構築（重度訪問介護の対象を拡大等）

④　サービス基盤の計画的整備

⑤　障害者施策の段階的実施　が挙げられます。

　具体的には、次のとおりです。

　㋐　基本理念の創設

　　法に基づく日常生活又は社会生活の支援が、共生社会を実現するため、社会参加の機会の確保及び地域社会における共生、社会的障壁の除去に資するよう、総合的かつ計画的に行われることを基本理念として追加しています。

　㋑　障害者の範囲の見直し

　　「制度の谷間」を埋めるために、障害者の範囲に難病等を加えています。

　㋒　障害支援区分の創設

　　「障害程度区分」を、障害の多様な特性その他の心身の状態に応じて必要とされる標準的な支援の度合いを総合的に示す「障害支援区分」に改められました。

　㋓　重度訪問介護の対象を拡大

　　従来、重度訪問介護の対象者は、重度の肢体不自由者等であって常時介護を要する障害者を対象としていましたが、重度の知的障害者及び精神障害者も対象となりました。

　㋔　共同生活介護の共同生活援助への一元化

　　共同生活介護（ケアホーム）は、共同生活援助（グループホーム）へ統合されました。

　㋕　地域移行支援の対象拡大

　　地域移行支援の対象を、従来の障害者支援施設等に入所している障害者又は精神科病院に入院している精神障害者に加えて、保護施設、矯正施設等を退所する障害者等にも対象が拡大されました。

　㋖　地域生活支援事業の追加

　　地域生活支援事業に、障害者に対する理解を深めるための研修や啓発を行う事業、意

意思疎通支援を行う者を養成する事業等が追加されました。

　　⑺　サービス基盤の計画的整備

計画的整備として、障害福祉サービス等の提供体制の確保に係る目標に関する事項及び地域生活支援事業の実施に関する事項についての障害福祉計画の策定が義務づけられました。

また、基本指針や障害福祉計画に関する定期的な検証と見直しを法定化します。さらに、市町村は障害福祉計画を作成するにあたって、障害者等のニーズ把握等を行うことを努力義務とします。自立支援協議会の名称を協議会とし、当事者や家族の参画を明確にすることとしました。

⑸　**障害者総合支援法の改正（2016年改正、2022年改正）**

障害者総合支援法が施行されても、なお検討を行う必要がある事項が残っており、法施行後3年を目途とした検討規定が設けられました。この見直しに向けて、2015（平成27）年に、社会保障審議会障害者部会において検討が行われ、12月に報告書が取りまとめられ、この報告書の内容を実現するために法改正（2016（平成28）年5月成立）が行われました。具体的には次の通りです。

①　「自立生活援助」の創設（平成30年度～）

障害者支援施設やグループホーム等の集団生活から、一人暮らしへの移行を希望する知的障害者や精神障害者の意思を尊重した地域生活を支援するため、一定の期間、定期的な巡回訪問や随時の対応により、適時適切な支援を行うサービス（自立生活援助）が創設されました。

②　「就労定着支援」の創設（平成30年度～）

就労に伴う生活面の課題に対応できるよう、事業所・家族との連絡調整等の支援を一定の期間にわたり行うサービス（就労定着支援）が創設されました。

③　入院時の重度訪問介護の利用（平成30年度～）

最重度の障害者であって重度訪問介護を利用している者に対し、入院中の医療機関においても、利用者の状態などを熟知しているヘルパーを引き続き利用し、そのニーズを的確に医療従事者に伝達する等の支援を行うことができるようになりました。

④　65歳以上の障害者の介護保険サービスの円滑な利用（平成30年度～）

65歳に至るまで相当の長期間にわたり障害福祉サービスを利用していた一定の高齢障害者が引き続き障害福祉サービスに相当する介護保険サービスを利用する場合に、介護保険サービスの利用者負担を障害福祉制度により軽減する仕組みが設けられました。

⑤　「居宅訪問型児童発達支援」の創設（平成30年度～）

重度の障害等により外出が著しく困難な障害児に対し、居宅を訪問して発達支援を提供するサービスが新設されました。

⑥　保育所等訪問支援の支援対象の拡大（平成30年度～）

保育所等の障害児に発達支援を提供する保育所等訪問支援について、乳児院・児童養護施設の障害児にも対象が拡大されました。

⑦　医療的ケアを要する障害児に対する支援（2016（平成28）年6月～）

医療的ケアを要する障害児が適切な支援を受けられるよう、自治体において保健・医療・福祉等の連携促進に努めることとされました。

⑧　障害児福祉計画の策定（平成30年度～）

障害児のサービスに係る提供体制の計画的な構築を推進するため、自治体において障害児福祉計画を策定することが規定されました。

⑨　補装具費の支給範囲の拡大（借受けの追加）（平成30年度〜）

補装具費について、成長に伴い短期間で取り替える必要のある障害児の場合等に「借受け」の活用ができるようになりました。（これまでは「購入・修理」のみ）

**障害者総合支援法 2022年 改正**

2016年改正法が、2018（平成30）年に施行されましたが、さらに、障害者等の地域生活や就労の支援の強化等により、障害者等の希望する生活を実現を図るため、関連する法律の改正と併せて，2022（令和4）年に改正法が成立しました（施行期日は2024（令和6）年4月）。主な内容は次の通りです。

① 障害者等の地域生活の支援体制の充実（一人暮らしを希望するグループホーム入居者への支援が含まれることを明記、基幹相談支援センター及び地域生活支援拠点の整備を努力義務化等）

② 障害者の多様な就労ニーズに対する支援及び障害者雇用の質の向上の推進（就労アセスメントの手法を活用して、本人の希望、就労能力や適性等に合った選択を支援する新たなサービス「就労選択支援」を創設等）

③ 精神障害者の希望やニーズに応じた支援体制の整備（精神保健福祉法の改正による医療保護入院の見直し等）

④ 難病患者及び小児慢性特定疾病児童等に対する適切な医療の充実及び療養生活支援の強化（難病法・児童福祉法の改正による医療費助成の仕組みの見直し等）

⑤ 障害福祉サービス等、指定難病及び小児慢性特定疾病についてのデータベースに関する規定の整備（ビッグデータの活用）

## Ⅲ 障害者雇用と就労状況

わが国の障害者雇用施策は、障害者雇用促進法（しょうがいしゃこようそくしんほう）によっています。この法律は、企業等に対する障害者雇用を義務づけて雇用促進を図り、職業リハビリテーションを通じて雇用の安定を目指しています。雇用の義務づけは、法定雇用率として示されており、2023（令和5）年度からは民間企業が2.7％、国・地方公共団体・特殊法人は3.0％、教育委員会は2.9％となっていますが、2024（令和6）年度から段階的に引き上げられることとなっており、民間企業では現行2.3％から2.5％（2024年度〜）・2.7％（2026年度〜）、国・地方公共団体・特殊法人では現行2.6％から2.8％（2024年度〜）・3.0％（2026年度〜）、教育委員会では現行2.5％から2.7％（2024年度〜）・2.9％（2026年度〜）となります。身体障害者の雇用が知的障害者、精神障害者に比較して多くなっています（図表3−3）。

国連の「障害者の権利に関する条約」を批准するための国内法整備の一環として、2013（平成25）年6月に、障害者雇用促進法が改正されました。この改正では、雇用分野における障害者に対する差別の禁止と、障害者の職場環境を改善するための措置（合理的配慮の提供義務）を定める（2016（平成28）年4月施行）とともに、精神障害者を法定雇用率の算定基礎に加える（2018（平成30）年4月施行）こととしました。

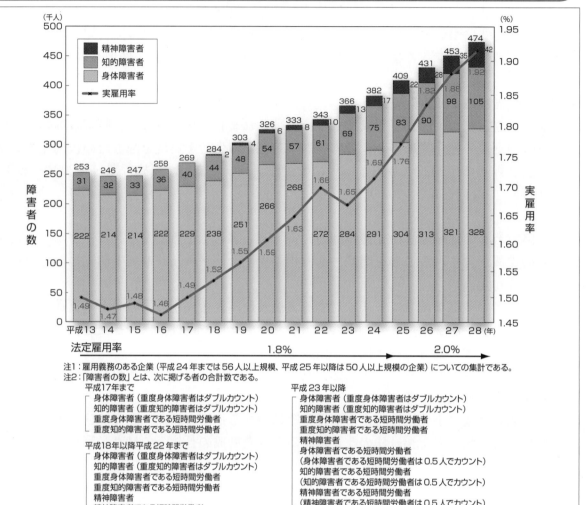

図表3—3　民間企業における障害者の雇用状況
～障害者の実雇用率と数の推移～

注1：雇用義務のある企業（平成24年までは56人以上規模、平成25年以降は50人以上規模の企業）についての集計である。
注2：「障害者の数」とは、次に掲げる者の合計数である。

平成17年まで
　身体障害者（重度身体障害者はダブルカウント）
　知的障害者（重度知的障害者はダブルカウント）
　重度身体障害者である短時間労働者
　重度知的障害者である短時間労働者

平成18年以降平成22年まで
　身体障害者（重度身体障害者はダブルカウント）
　知的障害者（重度知的障害者はダブルカウント）
　重度身体障害者である短時間労働者
　重度知的障害者である短時間労働者
　精神障害者
　精神障害者である短時間労働者
　（精神障害者である短時間労働者は0.5人でカウント）

平成23年以降
　身体障害者（重度身体障害者はダブルカウント）
　知的障害者（重度知的障害者はダブルカウント）
　重度身体障害者である短時間労働者
　重度知的障害者である短時間労働者
　精神障害者
　身体障害者である短時間労働者
　（身体障害者である短時間労働者は0.5人でカウント）
　知的障害者である短時間労働者
　（知的障害者である短時間労働者は0.5人でカウント）
　精神障害者である短時間労働者
　（精神障害者である短時間労働者は0.5人でカウント）

注3：法定雇用率は平成24年までは1.8%、平成25年4月以降は2.0%となっている。
出所：厚生労働省　平成28年　障害者雇用状況の集計結果

---

**コラム**　**障害者施策における「自立」と「自律」**

　障害者施策では、「自立」と表現されていますが、従来は「自立」の言葉の意味を、「独力で日常生活の行為ができる」と捉えがちでした。しかし、障害者の自己決定の尊重が重要視されるようになってからは、「自律」という言葉が使われるようになってきました。
　自立の本来の定義は、あることを個人が決定してそれを実行する能力、すなわち「実行の自立」（自立）ですが、「決定の自立」（自律）、つまり独自の好みや価値観を持ち、自らの生活を自らが決定することが自律です。そして、他者の支援なしには実行や達成ができない事柄であっても、まず自分で決めることができることが重視されるようになってきました。

---

今後の学習のための **キーワード**

◎国際障害者年　◎国連・障害者の十年　◎社会福祉法
◎障害者基本法　◎身体障害者福祉法　◎知的障害者福祉法
◎精神保健福祉法　◎発達障害者支援法　◎障害者基本計画
◎障害者プラン　◎措置制度　◎共生社会
◎障害者の権利に関する条約　◎障害者総合支援法
◎障害者雇用と就労

（執筆：髙木憲司）

# 2 制度の仕組みと基礎的理解

介護者は、日常生活に制限を受けている多くの人が福祉サービスを適切に利用できるよう、支援する必要があります。そのため、介護者は、福祉サービスをよく理解することが大切です。
ここでは、
① 障害福祉サービスの仕組み
② 所得の保障
について理解してください。

## I 障害福祉サービスの仕組み

### 1 障害者総合支援法の概要

#### (1) サービス体系

障害者総合支援法のサービスは、個別給付であり義務的経費の性格を持つ自立支援給付と、補助金として交付され裁量的経費の性格を持つ地域生活支援事業の、大きく2つに分類されます（図表3—4・図表3—5）。

#### 図表3—4　主な自立支援システム体系

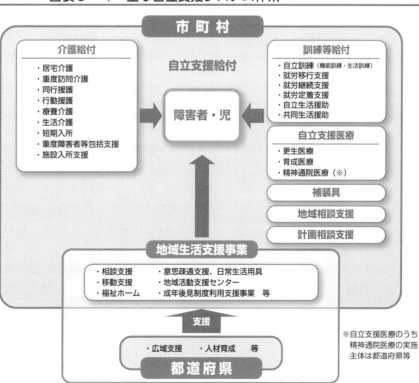

●共生型サービス
高齢者と障害児者が同一の事業所でサービスを受けやすくするため、介護保険と障害福祉両方の制度に新たに共生型サービスを位置づけることになりました。対象サービスは、ホームヘルプサービス、デイサービス、ショートステイなどが想定されています。(2018(平成30)年4月1日施行)

**市　町　村**

**自立支援給付**

**介護給付**
・居宅介護
・重度訪問介護
・同行援護
・行動援護
・療養介護
・生活介護
・短期入所
・重度障害者等包括支援
・施設入所支援

→ 障害者・児 ←

**訓練等給付**
・自立訓練（機能訓練・生活訓練）
・就労移行支援
・就労継続支援
・就労定着支援
・自立生活援助
・共同生活援助

**自立支援医療**
・更生医療
・育成医療
・精神通院医療（※）

**補装具**

**地域相談支援**

**計画相談支援**

**地域生活支援事業**
・相談支援　　・意思疎通支援、日常生活用具
・移動支援　　・地域活動支援センター
・福祉ホーム　・成年後見制度利用支援事業　等

**支援**

・広域支援　・人材育成　等
**都道府県**

※自立支援医療のうち精神通院医療の実施主体は都道府県等

第4章—3

2　制度の仕組みと基礎的理解

**図表3—5　障害者総合支援法における主な障害福祉サービス**

| | | |
|---|---|---|
| 介護給付 | 居宅介護（ホームヘルプ） | 自宅で、入浴、排せつ、食事の介護等を行います |
| | 重度訪問介護 | 重度の肢体不自由者・知的障害者・精神障害者で常に介護を必要とする人に、自宅（自宅に相当する場所も含む）で、入浴、排せつ、食事の介護、外出時における移動支援、入院時の支援等を総合的に行います |
| | 同行援護<br>どうこうえんご | 視覚障害により、移動に著しい困難を有する障害者等につき、外出時において、当該障害者等に同行し、移動に必要な情報を提供するとともに、移動の援護その他の厚生労働省令で定める便宜<br>べんぎ<br>を供与<br>きょうよ<br>します |
| | 行動援護 | 自己判断能力が制限されている人が行動するときに、危険を回避するために必要な支援、外出支援を行います |
| | 療養介護 | 医療と常時介護を必要とする人に、医療機関で機能訓練、療養上の管理、看護、介護及び日常生活の世話を行います |
| | 生活介護 | 常に介護を必要とする人に、昼間、入浴、排せつ、食事の介護等を行うとともに、創作的活動又は生産活動の機会を提供します |
| | 短期入所<br>（ショートステイ） | 自宅で介護する人が病気の場合などに、短期間、夜間も含め施設等で、入浴、排せつ、食事の介護等を行います |
| | 重度障害者等包括支援 | 介護の必要性がとても高い人に、居宅介護等複数のサービスを組み合わせて包括的に行います |
| | 施設入所支援（障害者支援施設での夜間ケア等） | 施設に入所する人に、夜間や休日、入浴、排せつ、食事の介護等を行います |
| 訓練等給付 | 自立訓練<br>（機能訓練・生活訓練） | 自立した日常生活又は社会生活ができるよう、一定期間、身体機能又は生活能力の向上のために必要な訓練を行います |
| | 就労移行支援 | 一般企業等への就労を希望する人に、一定期間、就労に必要な知識及び能力の向上のために必要な訓練を行います |
| | 就労継続支援<br>（A型＝雇用型、B型＝非雇用型） | 一般企業等での就労が困難な人に、働く場を提供するとともに、知識及び能力の向上のために必要な訓練を行います |
| | 就労定着支援 | 就労移行支援等を受けて一般就労した障害者に、一定の期間にわたり、就労の継続を図るため、事業主、障害福祉サービス事業者、医療機関等との連絡調整などを行います |
| | 自立生活援助 | 施設入所又は共同生活援助入居等の障害者に、居宅における自立した日常生活を営む上での様々な問題に対して、一定の期間にわたり、定期的な巡回訪問又は随時通報により、相談、情報の提供及び助言その他の援助を行います |
| | 共同生活援助<br>（グループホーム） | 夜間や休日、共同生活を行う住居で、相談や入浴、排せつ、食事の介護及び日常生活上の援助を行います |
| 地域生活支援事業 | 移動支援 | 円滑に外出できるよう、移動を支援します |
| | 地域活動支援センター | 創作的活動又は生産活動の機会の提供、社会との交流等を行う施設です |
| | 福祉ホーム | 住居を必要としている人に、低額な料金で、居室等を提供するとともに、日常生活に必要な支援を行います |

出所：厚生労働省資料

〔地域生活支援事業〕

　地域生活支援事業は、市町村地域生活支援事業と都道府県地域生活支援事業の２つがあります（図表３−４）。都道府県地域生活支援事業は、専門性の高い相談支援、広域的な支援事業、人材育成等を実施しています。市町村地域生活支援事業は、障害者に対する理解を深めるための研修・啓発事業、障害者やその家族、地域住民等が自発的に行う活動に対する支援事業、相談支援事業、成年後見制度利用支援事業、成年後見制度法人後見支援事業、意思疎通支援事業、日常生活用具給付等事業、手話奉仕員養成研修事業、移動支援事業、地域活動支援センター機能強化事業が必須事業となっており、市町村は地域の実情に応じて創意工夫して他の任意事業も実施することができます。

### (2)　支給決定

　障害者および障害児の保護者は、居住地の市町村に自立支援給付の支給申請を行います。申請を受けた市町村は、全国共通の障害支援区分の認定を行いますが、障害支援区分の審査や支給決定の要否の意見を聞くため市町村審査会を設置し活用します。市町村は、障害支援区分の認定後に、社会活動や介護者、居住等の状況などを勘案するとともに、指定特定相談支援事業者が作成したサービス等利用計画案を参考とし支給決定を行います。身体障害者更生相談所や知的障害者更生相談所は、市町村が支給決定を行う際、市町村から専門的な意見を求められた場合、専門的見地から意見を提出することができます。また、都道府県は、「障害者介護給付費等不服審査会」を設置し、市町村が行った障害支援区分の認定や支給決定に対して利用者に不服がある場合は、不服審査を行います。

### (3)　相談支援と協議会

　障害者にとって身近なところで相談できる体制は、とても大切です。相談支援は、基本相談、計画相談、地域相談の３つの支援があります。基本相談支援は、地域における障害者等のさまざまな問題に対して相談に応じ、必要な情報の提供および助言を行い、指定障害福祉サービス事業者等との連絡調整（計画相談支援に関するものを除く）を行います。地域相談支援は、地域移行支援及び地域定着支援を行います。計画相談支援は、サービス利用支援と継続サービス利用支援を行います。市町村の相談支援を強化する観点から、市町村は基幹相談支援センターを設置することができます。基幹相談支援センターは、①総合相談・専門相談、②権利擁護・虐待防止、③地域移行・地域定着、④地域の相談支援体制の強化の取り組みなどを行います。

　協議会は、従来の地域自立支援協議会のことで、障害者総合支援法において名称の弾力化が行われ、単に「協議会」と呼称することができるようになりました。市町村の協議会は、複数の市町村による共同実施や、障害保健福祉圏域単位での実施も可能です。この協議会は、相談支援事業者、障害福祉サービス事業者、保健・医療・学校・企業、高齢者介護等の関係機関、障害者団体、権利擁護関係者、当事者、家族や保護者、地域ケアに関する学識経験者等を構成メンバーとした障害者の地域生活を支える人たちの集まりです。

### (4)　利用者負担

　障害者総合支援法では、障害福祉サービスを利用した場合、利用したサービスに要する費用の一部を利用者が負担することになっています。図表３−６に示すように、「家計の負担能力その他の事情をしん酌して政令で定める額」が負担上限額（応能負担が原則）として定められており、利用者は、負担上限額以上を負担することはありません。ただし、

利用者の負担額が、応能負担の額と、サービスに要する費用の1割相当額を比べて、1割相当額が低い場合は、その額を利用者負担とします。政令で定める額（負担上限額）は、図表3−7のとおりです。

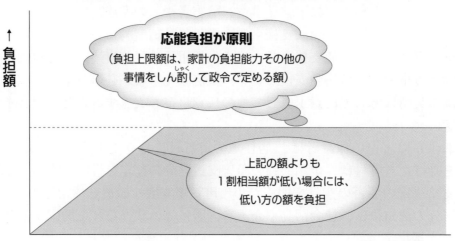

**図表3−6　障害者総合支援法における利用者負担**

**図表3−7　負担上限額（月額）**

　所得に応じて下記の負担上限月額が設定され、ひと月に利用したサービス量にかかわらず、それ以上の負担は生じません。

（障害者）

| 区　分 | 世帯の収入状況 | 負担上限月額 |
|---|---|---|
| 生活保護 | 生活保護受給世帯 | 0円 |
| 低 所 得 | 市町村民税非課税世帯 | 0円 |
| 一 般 1 | 市町村民税課税世帯（所得割16万円未満）<br>※入所施設利用者（20歳以上）、グループホーム利用者を除きます。 | 9,300円 |
| 一 般 2 | 上記以外 | 37,200円 |

（障害児）

| 区　分 | 世帯の収入状況 | | 負担上限月額 |
|---|---|---|---|
| 生活保護 | 生活保護受給世帯 | | 0円 |
| 低 所 得 | 市町村民税非課税世帯 | | 0円 |
| 一 般 1 | 市町村民税課税世帯（所得割28万円（注4）未満） | 通所施設、ホームヘルプ利用の場合 | 4,600円 |
| | | 入所施設利用の場合 | 9,300円 |
| 一 般 2 | 上記以外 | | 37,200円 |

●所得を判断する際の世帯の範囲は、次のとおりです。

| 種　別 | 世帯の範囲 |
|---|---|
| 18歳以上の障害者（施設に入所する18、19歳を除く） | 障害のある人とその配偶者 |
| 障害児（施設に入所する18、19歳を含む） | 保護者の属する住民基本台帳での世帯 |

出典　厚生労働省資料　一部改変

## (5) 障害福祉計画

　障害者総合支援法は、地域の社会資源の基盤を整備する目標を持っています。その基盤づくりを推進するのが、障害福祉計画です。国は、障害保健福祉サービスの基盤整備に関する基本指針を示し、市町村は、基本指針にそって市町村障害福祉計画を、都道府県は都道府県障害福祉計画をそれぞれ策定しなければなりません。この福祉計画は3年を1期と

して策定し、地域の障害保健福祉サービスの基盤整備を着実に進めることとされています。

## (6) 所得の保障

　障害者が地域で生活するためには、所得保障は重要な要素です。わが国における所得保障制度は、障害基礎年金、障害厚生年金の制度と、医療費、交通費等障害による支出が増加することから、その負担を軽減するために支給される特別児童扶養手当、特別障害者手当、障害児福祉手当等の各種手当制度があります。

　図表3－8は、障害者の年金・手当等の受給状況を示しています。年金についてみると、身体障害者が67.7%、知的障害者が67.2%、精神障害者の外来が34.9%、入院が12.7%、施設が62.2%となっています。精神障害者は、身体障害者や知的障害者に比較して受給者の割合が低くなっています。障害基礎年金の支給額は、1級は99万3,750円（年額）、2級は79万5,000円（同）となっています（令和5年度）。

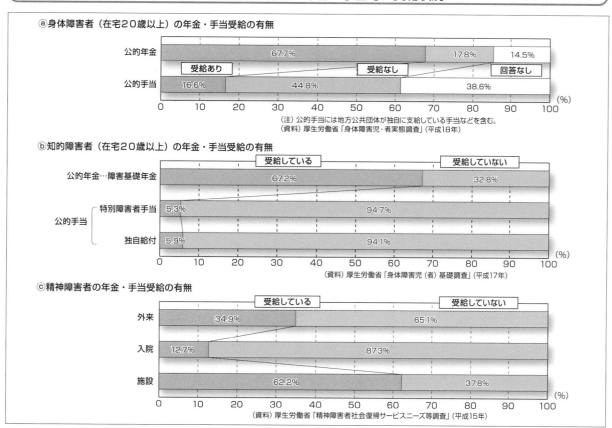

**図表3－8　障害者の年金・手当等の受給状況**

ⓐ身体障害者（在宅20歳以上）の年金・手当受給の有無

公的年金　受給あり 67.7%　受給なし 17.8%　回答なし 14.5%
公的手当　16.6%　44.8%　38.6%

(注) 公的手当には地方公共団体が独自に支給している手当などを含む。
(資料) 厚生労働省「身体障害児・者実態調査」（平成18年）

ⓑ知的障害者（在宅20歳以上）の年金・手当受給の有無

受給している　受給していない
公的年金…障害基礎年金　67.2%　32.8%
公的手当　特別障害者手当　5.3%　94.7%
　　　　　独自給付　5.9%　94.1%

(資料) 厚生労働省「身体障害児（者）基礎調査」（平成17年）

ⓒ精神障害者の年金・手当受給の有無

受給している　受給していない
外来　34.9%　65.1%
入院　12.7%　87.3%
施設　62.2%　37.8%

(資料) 厚生労働省「精神障害者社会復帰サービスニーズ等調査」（平成15年）

今後の学習のための キーワード

◎身体障害児・者の福祉制度　　◎知的障害児・者の福祉制度
◎精神障害者の福祉制度　　◎障害者総合支援法　　◎所得保障

（執筆：髙木憲司）

# 3　個人の権利を守る制度の概要

　個人の権利を守る制度には、消費者基本法、障害者虐待防止法、福祉サービス第三者評価、成年後見制度、日常生活自立支援事業などがあります。
　ここでは、それぞれの制度について、
　① 基本理念
　② 制度の概要や目的
について理解してください。

## Ⅰ　消費者基本法

### 1　成立までの経緯

　私たちは毎日の生活に必要な物やサービスを、市場を通じて購入し、消費しています。経済社会の発展のおかげで、私たちは便利で快適な生活を送ることができるのです。

　しかしながら、1950年代には経済の高度成長期を迎え、大量生産・大量販売の仕組みを背景に、消費者の生命・身体を脅かす「森永ヒ素ミルク中毒事件」、「サリドマイド事件」などの事件が多発しました。

　こうした消費者問題への取組みが重要な課題となり、さまざまな法整備がなされました。1968（昭和43）年には「消費者保護基本法」が制定され、消費者を保護するための基本的な政策が定められました。

　その後、訪問販売や通信販売などで新しい消費者問題が発生し、また経済の情報化、サービス化、国際化の動きが加速するなか、サラ金、クレジットカードなどによる多重債務問題が発生しました。さらに21世紀に入ると、IT革命といわれる急激な高度情報化が進み、インターネットを代表とする新しい情報通信技術の急速な発展により、適切に対応できない消費者も現れました。

　このような状況を背景に、消費者もただ単に保護されるだけの存在ではなく、「自立した消費者」への転換が求められるようになり、「消費者保護基本法」が抜本的に改正され、2004（平成16）年には、「消費者基本法」として施行されました。

### 2　消費者基本法の概要

　消費者基本法の目的は、「消費者と事業者との間の情報の質及び量並びに交渉力等の格差にかんがみ、消費者の利益の擁護及び増進に関し、消費者の権利の尊重及びその自立の支援その他の基本理念を定め、国、地方公共団体及び事業者の責務等を明らかにするととも

に、その施策の基本となる事項を定めることにより、消費者の利益の擁護及び増進に関する総合的な施策の推進を図り、もつて国民の消費生活の安定及び向上を確保すること」とされています。

基本理念としては、消費者の権利（図表3−9）を支援することが掲げられています。

なお、都道府県・市町村など身近なところには、行政機関としての「消費生活センター」があり、消費者基本法に定められている「独立行政法人国民生活センター」と連携を保ちつつ、国家資格を持った消費生活相談員やそれに準じた専門知識・技術を持つ人材が、消費者関連の法律に基づき、契約や悪質商法におけるトラブル、製品・食品やサービスによる事故等の解決のためのアドバイスや、必要に応じて事業者との間に入り被害の回復を図るためのあっせんを行うなどの対応をしています。

| 図表3−9　消費者の権利 |
| --- |
| ●消費生活における基本的な需要が満たされる権利 |
| ●健全な生活環境が確保される権利 |
| ●安全が確保される権利 |
| ●選択の機会が確保される権利 |
| ●必要な情報が提供される権利 |
| ●消費者教育の機会が提供される権利 |
| ●消費者の意見が消費者政策に反映される権利 |
| ●被害者が適切かつ迅速に救済される権利 |

## 3　クーリング・オフ制度

「クーリング・オフ制度」は、1973（昭和48）年施行の改正割賦販売法にはじまり、特定商取引法、割賦販売法、保険業法他で定められている制度です（図表3−10）。これは、消費者が契約した後で冷静に考え直す時間を与え、一定期間内であれば無条件で契約の申し込みを撤回したり、無条件で契約を解除できる制度です。なお、訪問販売や電話勧誘販売における契約でも、クーリング・オフ期間が過ぎた場合（契約書面の不備、販売業者によるクーリング・オフ妨害があった場合は、8日間を過ぎてもクーリング・オフが可能）、代金が3,000円未満の現金取引き、葬儀、乗用自動車など適用除外にあたる商品やサービス等はクーリング・オフができません。

| 図表3−10　クーリング・オフ対象となる取引と期間一覧表 | |
| --- | --- |
| 取引内容 | 期間 |
| 訪問販売（キャッチセールス、アポイントメントセールス、催眠（SF）商法等を含む） | 8日間 |
| 電話勧誘販売 | 8日間 |
| 特定継続的役務提供（エステティック、美容・医療サービスの一部、語学教室、学習塾、家庭教師、パソコン教室、結婚相手紹介サービスの7種類） | 8日間 |
| 連鎖販売取引（マルチ商法） | 20日間 |
| 業務提供誘引販売取引（内職商法、モニター商法） | 20日間 |
| 訪問購入（業者が消費者の自宅等を訪ねて、商品の買取りを行うもの）<br>※法施行日（2013年2月21日）以降の契約が対象 | 8日間 |

2021（令和3）年「消費者被害の防止及びその回復の促進を図るための特定商取引に関する法律等の一部を改正する法律」（令和3年法律第72号）により、これまで消費者からのクーリング・オフの通知については、はがき等の書面によると規定されていましたが、2022（令和4）年6月より電磁的記録によるクーリング・オフが可能になりました。そのため、従来

の書面（はがき等）での通知に加えて、電子メール送付のほか、アプリ上のメッセージ機能やウェブサイトに設けてある専用フォームを用いた通知、解除通知書のデータを記録したUSBメモリ等の記録媒体等、事業者へ通知を行える電磁的記録によるといえるものであれば広くこの通知方法に含まれ、また、FAXによる通知も可能となりました。実際には契約書を確認し、電磁的記録によるクーリング・オフの通知先や具体的な通知方法が記載されている場合には、それをよく参照した上で通知を行いましょう。

　また、（書面によるクーリング・オフと同様に）事業者が対象となる契約を特定するために必要な情報（契約年月日、契約者名、購入品名、契約金額等）やクーリング・オフの通知を発した日を記載することが重要です。

　なお、電磁的記録によるクーリング・オフの際には、クーリング・オフを行った証拠を保存する観点から、電子メールであれば送信メールを保存し、ウェブサイトのクーリング・オフ専用フォーム等であれば画面のスクリーンショットを残しておくなどの対応を行うことが望ましいとされています。

　はがきによる方法も同様、必要事項を記入後、証拠を残すため、はがきの両面をコピーし、控えとして保管します。郵便局で「特定記録郵便」か「簡易書留」にして送付し、受領証を保管しておき、またクーリング・オフはがきを送付後は、受領書に記載された追跡番号により郵便局の追跡サービスを利用してはがきが到達したことを確認します。

---

**図表3―11　虐待者の特徴**

- 虐待者自身も障害をもっていることが多い。
- 虐待や不適切な支援をしている意識が薄い。
- 育児や支援に専門性を要することがあるので、養育能力が左右する。
- 虐待者に介護負担がかかっている。
- 障害特性に応じた対応（例：行動障害の強い子の子育て）をとることにより、虐待に結びつく。
- 被虐待者の障害受容ができていない。
- 支援者との関係性が持ちにくい。

## Ⅱ　障害者虐待防止法

### 1　成立までの経緯

　障害者虐待防止法は、障害者の尊厳を守り、自立及び社会参加を推進するために虐待を禁止し、予防と早期発見の取組みを国や国民等に求め、養護者に対する支援措置を講じる等のための法律として、2012（平成24）年10月1日から施行されました。

　過去にさかのぼると、「アカス紙器事件」「滋賀サン・グループ事件」「札幌三丁目食堂事件」「福島白河育成園事件」「福岡カリタスの家事件」など、報道された虐待がいくつかありました。これらは「氷山の一角」に過ぎず、障害者は、家庭、施設、職場等の生活空間で、従属的な人間関係に置かれていることが多く、しかも、虐待は密室で行われ、被害を訴えても理解を得られない状況にあります。また、本人に虐待を受けているという認識がないことや、被害を訴えることができないことなどから、顕在化しないことが常に問題とされてきました。

　また、2009（平成21）年に日本社会福祉士会が行った調査によると、虐待者の特徴として、次のことが浮き彫りになりました（図表3―11）。

　虐待する側だけではなく、障害者自身の①感覚過敏、②コミュニケーション困難、③フラッシュバック、④こだわりなど、障害特性としての生きにくさが関係しているようです。

　障害者虐待防止法の制定は、障害者虐待の防止・対応における新たなスタートとなるので、今後、積極的に取り組んでいく必要があります。

## 2 障害者虐待防止法の概要

　障害者虐待防止法の目的としては、「障害者に対する虐待が障害者の尊厳を害するものであり、障害者の自立及び社会参加にとって障害者に対する虐待を防止することが極めて重要である」ことが、まず掲げられています。そのうえで、養護者、障害者福祉施設従事者等、使用者（雇用主）からの虐待を防止し、障害者の権利利益の擁護に資することを目的として、①障害者に対する虐待の禁止、②予防および早期発見その他の障害者虐待の防止等に関する国等の責務、③障害者虐待を受けた障害者に対する保護および自立の支援のための措置、④養護者の負担の軽減を図ること等、養護者による障害者虐待の防止に資する支援のための措置等を定めています。

　「障害者」の定義については、障害者基本法に規定する障害者（身体・知的・精神障害その他の心身の機能の障害がある者であって、障害および社会的障壁により継続的に日常生活・社会生活に相当な制限を受ける状態にあるもの）としています。

　なお、養護者による障害者虐待の具体的な行為があげられています（図表3－12）。

### 図表3－12　養護者による障害者虐待の具体的な行為

| 身体的虐待 | 障害者の身体に外傷が生じ、もしくは生じるおそれのある暴行を加え、または正当な理由なく障害者の身体を拘束すること。 |
|---|---|
| 性的虐待 | 障害者にわいせつな行為をすることまたは障害者をしてわいせつな行為をさせること。 |
| 心理的虐待 | 障害者に対する著しい暴言または著しく拒絶的な対応その他の障害者に著しい心理的外傷を与える言動を行うこと。 |
| 介護・世話の放棄・放任（ネグレクト） | 障害者を衰弱させるような著しい減食または長時間の放置、養護者以外の同居人による身体的虐待等を放置するなど、養護を著しく怠ること。 |
| 経済的虐待 | 養護者または障害者の親族が当該障害者の財産を不当に処分することその他当該障害者から不当に財産上の利益を得ること。 |

　また、虐待を受けたと思われる障害者を発見した者に「通報義務」があることも明記されました。その一方で、学校、保育所等、医療機関に対しては、虐待の防止や障害者に対する理解などを促進するために「必要な措置を講ずる」と記すにとどまっています。

# Ⅲ 福祉サービス第三者評価

## 1 成立経緯と目的

　福祉サービス第三者評価事業は、「社会福祉基礎構造改革」の理念を具体化する仕組みの一つとして位置づけられました。社会福祉基礎構造改革は、社会環境の変化による国民の福祉需要の増大・多様化にかんがみ、戦後50年にわたる社会福祉事業法に基づいた社会福祉諸制度の共通的な基盤制度の見直しを図ろうとしたものです。

　改革の検討のなかで、これからの社会福祉の目的は「個人が人としての尊厳をもって、家庭や地域の中で、その人らしい安心のある生活が送れるよう自立を支援することにある」と

して、「信頼と納得が得られるサービスの質と効率性の向上」など7つの基本的考え方に沿って抜本的な改革を行う必要性が説かれました。

　福祉サービス第三者評価事業は、この基本的方向性をもとに具体的に検討が始められました。2000（平成12）年に施行された社会福祉法には、「福祉サービスの質の向上のための措置等」としての規定があります。

　このように、社会福祉事業の経営者が第三者によるサービス評価を受けることは、「社会福祉事業の経営者が行う福祉サービスの質の向上のための措置」の一環なのです。

## ２　福祉サービス第三者評価の利用

　福祉サービス第三者評価事業は「福祉サービス第三者評価事業に関する指針について」により実施されていましたが、①サービスの種別にかかわらず共通的に取り組む項目（共通評価項目）に、ばらつきがある、②福祉サービス第三者評価事業の目的・趣旨が他制度との違いが明確でない等の要因により広く認識されていない、③第三者評価機関や評価調査者により、評価結果のばらつきがある、④受審件数が少ない、等の課題が指摘されていました。

　このため、福祉サービス第三者評価事業の本来の目的である、①個々の事業者が事業運営における問題点を把握し、サービスの質の向上に結びつけること、②福祉サービス第三者評価を受けた結果が公表されることにより、結果として利用者の適切なサービス選択に資する情報となること、を強化し、事業の質の向上を図るためには「第三者評価機関及び評価調査者」、「評価基準」、「結果の報告・公表方法」について、一体的に見直すことが重要であるとの方向性のもと見直しが行われました。

　その結果、厚生労働省から都道府県に「Ⅰ　共通評価基準ガイドライン及び判断基準ガイドラインの見直し」「Ⅱ　公表ガイドラインの見直し」について詳細が通知され、新たな「福祉サービス第三者評価事業に関する指針」として、平成26年4月1日から適用されています。

（参考）
・平成16年5月7日付け雇児発第0507001号、社援発第0507001号、老発第0507001号「福祉サービス第三者評価事業に関する指針について」
・平成26年4月1日付け雇児発0401第12号、社援発0401第33号、老発0401第11号「『福祉サービス第三者評価事業に関する指針について』の全部改正について」

## Ⅳ　成年後見制度

## １　成立経緯と目的

　認知症高齢者など自己決定能力が低下している人の権利を擁護する制度の整備が不可欠になったため、成年後見制度や、それを補完する福祉サービスの適正な利用など日常生活上の支援を行う仕組みを構築することになりました。
　成年後見制度を規定している民法などの法律は、介護保険法の制定と並行して改正され、2000（平成12）年に介護保険法と同時に施行されました。

　成年後見制度とは、認知症、知的障害、精神障害などの理由で判断能力の不十分な人を保護し、支援する制度です。不動産や預貯金などの財産管理や、身のまわりの世話のための介護等サービスや施設への入所に関する契約の締結、遺産分割の協議の必要があっても、自身でこれらをするのが難しい場合に利用されます。また、この制度を利用しないと、不利益な契約の判断ができず、契約してしまうなどの悪徳商法の被害にあうおそれもあります。

そこで、これまでの禁治産、準禁治産の制度を改め「法定後見制度」とし同時に、新たに「任意後見制度」を導入しました。高齢社会への対応および知的障害者・精神障害者等の福祉充実の観点から、柔軟かつ弾力的で利用しやすい制度です。仮に成年後見人が選任されても、買い物など日常生活に必要な行為は、本人が自由に行うことができます。

## 2 成年後見制度の利用

### (1) 任意後見制度の概要

任意後見制度とは、将来、判断能力が不十分な状態になった場合に備えて、十分な判断能力があるうちに、自らが選んだ代理人（任意後見人）に、自分の生活や財産管理に関する事務を代理してもらうための契約を結んでおくというものです（図表3—14）。

本人と任意後見人になる予定の人が、任意後見契約を締結します。本人の判断能力が低下してきたとき、家庭裁判所に対し、任意後見人を監督する「任意後見監督人」の選任の申し立てをします。選任の申し立ては、本人、配偶者、4親等内の親族または任意後見受任者が家庭裁判所に対して行うことができます。任意後見監督人が選任されると「任意後見人」の後見事務が開始され、契約で定められた代理権が与えられることとなります。

**図表3—14 任意後見制度の流れ**

### (2) 法定後見制度の概要

法定後見制度とは、家庭裁判所に選任された成年後見人等が、本人の利益を考えながら、①本人を代理して契約などの法律行為をしたり（代理権）、②本人が自分で法律行為をする時に同意を与えたり（同意権）、③本人が同意を得ないで行った不利益な法律行為を後から取り消したりする（取消権）ことで、本人を保護・支援するものです（図表3—15）。

**図表3—15 法定後見制度の流れ**

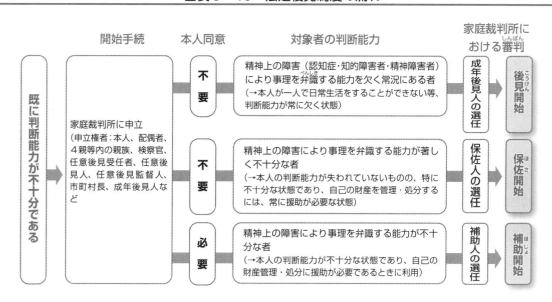

## Ⅴ　日常生活自立支援事業

### 1　成立の経緯

　介護保険制度開始に先がけ、1999（平成11）年から始められた「地域福祉権利擁護事業」は、「社会福祉基礎構造改革」の一環として誕生し、2007（平成19）年4月に改称され、現在は「日常生活自立支援事業」となっています。

　2000（平成12）年の介護保険制度導入によって、民間営利企業や共同組合、NPOなどの民間非営利団体等も一定の基準を満たせば介護サービス事業者となることができるようになりました。そのため、サービス供給主体が多様化され、サービスの質の向上が目指され、また、利用者が多様なサービス提供事業者から自分にとって最も適切なサービスを決定し、提供者との対等な関係のもとで契約を結び、決定することができるようになりました。

　ただし、認知症高齢者、知的障害者、精神障害者等のうち、判断能力が不十分な人、または判断能力があっても従属的な位置づけに置かれている人にとっては、適切な援助がなければ、不公平かつ差別的な取り扱いを受けることになりかねません。これらの人の立場にたって、必要な医療・福祉サービス等の利用を援助し、財産等を管理し、あるいは虐待を防止する等、総じてこれらの人の権利行使を擁護することが大切になりました。

### 2　日常生活自立支援事業による権利擁護

#### (1)　事業目的

　日常生活自立支援事業とは、認知症高齢者、知的障害者、精神障害者等のうち判断能力が不十分な人が、地域で自立した生活が送れるよう、利用者との契約に基づき、福祉サービスの利用援助等を行うものです。

#### (2)　対象となる利用者と介護職に必要な視点

　対象となるのは、次のいずれにも該当する人です。

　①　判断能力が不十分な人（認知症高齢者、知的障害者、精神障害者等であって、日常生活を営むのに必要なサービスを利用するための情報の入手、理解、判断、意思表示を本人のみでは適切に行うことが困難な人）

　②　本事業の契約の内容について判断しうる能力を有していると認められる人

　本事業の対象となる人は、家族や親族などのサポートが得られなかったり、機能していなかったりするために、社会的孤立状況に陥っている場合があります。また、虐待やネグレクト、経済的搾取など多くの生活課題が複雑に絡み合い、時には生命の危険にさらされる状況にまで落ち込んでいる場合があります。

#### (3)　実施主体

　都道府県社会福祉協議会又は指定都市社会福祉協議会（事業の一部委託先として市町村社会福祉協議会等で窓口業務を実施。※専門員、生活支援員による援助の実施）

#### (4)　援助内容と福祉サービス利用者の権利

　援助の内容（基準）は、図表3—16のとおりです。

**図表3－16　日常生活自立支援事業の援助内容（基準）**

| 本事業に基づく援助 | ①福祉サービスの利用援助<br>②苦情解決制度の利用援助<br>③住宅改造、居住家屋の貸借、日常生活上の消費契約及び住民票の届出等の行政手続に関する援助等 |
|---|---|
| 上記に伴う援助 | ①預金の払い戻し、預金の解約、預金の預け入れの手続等利用者の日常生活費の管理（日常的金銭管理）<br>②定期的な訪問による生活変化の察知 |

出所：厚生労働省「生活保護と福祉一般」
https://www.mhlw.go.jp/bunya/seikatsuhogo/chiiki-fukusi-yougo.html

　援助内容については、多くの社会福祉協議会でパンフレットを作成して説明しています。漢字にはふりがなをつけたり、大きな文字を使うなどして、多くの人が理解しやすいように工夫されています。

⑸　**実際の援助内容において介護職が留意すべき点**

　本事業では、福祉サービスに関する情報提供、契約、苦情解決制度の利用等、さまざまな手続きを援助します。例えば、日常の暮らしにおける郵便物の整理、市役所等で行う手続きなどについては、内容を説明したり、同行するなどの支援です。ただし、入所・入院・治療における契約、介護、看護、買い物、掃除など実際のサービス提供はできません。

　また、本事業の利用者が抱えている金銭管理課題の代表的な内容は、「収入に見合った計画的で適切な金銭の管理・支出ができない」「通帳や印鑑、権利証等を紛失するおそれがある、または自己管理ができない」「支払うべき利用料金などを支払うことができない」などであり、これらの課題は、電気・ガス・水道などのライフラインが途絶える原因となったり、住居を失う、また思いがけない多額の負債を抱えるなど、その人が生きる基盤さえも揺るがすことになりかねません。

　介護職は、たとえどんなに少額でも、通帳を預かったり、引き出すことはできません。昨今、詐欺など犯罪の標的にされ、資産を奪われる被害は増えるばかりです。利用者を守り、また、介護職自身が犯罪などに巻き込まれないためにも、本事業の有効活用を勧めましょう。

図表3-17　日常生活自立支援事業の援助プロセス

| 主に担当する職種 | 手続きの流れ | 実際に行われる支援内容 |
|---|---|---|
| 専門員 | **相談の受付** | ・本人以外でも、家族など身近な方、行政窓口、民生委員、介護支援専門員や在宅福祉サービス事業者など多様な経路からの相談に対応します。<br>・本事業で援助の可能性がある相談について、社会福祉協議会の専門員が話を伺います。<br>・居宅で生活している人のみではなく、施設や病院利用者も本事業の対象です。 |
| | **初期相談** | ・専門員が利用希望者の自宅を訪問し、<br>①本人の日常生活の状況<br>②家族・親族との関係<br>③日常生活の介護者・インフォーマルサポート<br>④現在利用している保健・医療・福祉サービス（サービス内容や利用回数等）<br>⑤日常生活に要するお金の把握<br>⑥所有する財産の状況<br>⑦本人が活用できる社会資源など具体的調査を行い、契約書の一部となる支援計画書に必要なサービス内容を特定していきます。<br>◎また、実際に契約締結能力があるかどうかについても確認します。 |
| | **具体的調査** | |
| | | ・利用者の契約締結能力に疑義が生じた場合には、「契約締結判定ガイドライン」に基づきインタビューを行います。<br>・本事業の利用意思確認、おおまかな利用内容を含めて書類を整え、都道府県・指定都市社会福祉協議会に設置されている「契約締結審査会」に審査を依頼します。<br>（契約締結能力がない人であっても、成年後見制度の利用によって、本事業の利用が可能な場合があります） |
| | **関係調整** | ・援助を今後円滑に行っていくために、専門員は、契約締結前に、公共料金・税金・家賃地代等、日常的な生活を支えるために定期的に支払っている費用や、年金や福祉手当のように定期的に受け取る金銭について、本人の依頼を受け、自動振込や自動振替の手続きを行います。<br>・相談・助言、連絡調整だけでなく、場合によっては代行による支援を行います。 |
| | **契約書支援計画作成** | ・専門員は、契約書案と利用者とともに「だれが、いつ、なにを、どのように援助するのか」を明確に記載した支援計画案を作成し、本人の理解を得た後、本人宅を訪問し、意思を確認のうえ、契約書を取り交わします。 |
| | 福祉サービスに関する情報提供、契約苦情解決制度の利用等、さまざまな手続きを援助 | |

**コラム　介護職に求められる職業倫理と役割**

日常生活自立支援事業による支援が必要な人のために、守らなければならない利用者の権利は、主に7項目あります。

介護職は、利用者の自宅などで、家事援助や身体介護を行い、利用者や家族の生活のあり方を見つめています。また、地域に潜在しているニーズを掘り起こす機会や、利用者とのコミュニケーションを通して、複雑に入り組んだ生活課題をも明らかにする機会に恵まれています。

**守るべき利用者の権利**

①情報の権利
②自己決定（選択）の権利
③適切なサービスを請求する権利
④拘束・虐待からの自由
⑤プライバシーその他、個人の尊厳にかかわる権利
⑥福祉サービス利用中の預貯金等の管理
⑦苦情解決・不服申し立ての権利

だからこそ、本人の立場に立って、これからの生活や人生をともに考えていく姿勢を大切にして、本事業の利用について考えてほしいものです。

また、利用者の状態、年齢によっては、成年後見制度の利用も視野に入れながら、早期に対応する必要がある場合もあります。

民法では、認知症高齢者や知的障害者、精神障害者等のうち判断能力が低下した人の契約行為は認められていません。そのため、本事業の利用が困難な場合は、成年後見制度を利用する必要があります。日常生活自立支援事業と成年後見制度を、地域のなかで切れ目のない支援として、身近で有効な社会資源となるよう、行政や地域包括支援センターをはじめ、さまざまな関係機関および活動とのネットワークづくりも必要です。

## Ⅵ 障害者差別解消法

### 1　障害者差別解消法

国連の「障害者の権利に関する条約」の締結に向けた国内法制度の整備の一環として、全ての国民が、障害の有無によって分け隔てられることなく、相互に人格と個性を尊重し合いながら共生する社会の実現に向け、障害を理由とする差別の解消を推進することを目的として、2013（平成25）年6月、「障害を理由とする差別の解消の推進に関する法律」（いわゆる「障害者差別解消法」）が制定、2016（平成28）年4月1日から施行されました。「障害者差別解消法」では、行政機関等及び事業者に対し、障害のある人への障害を理由とする「不当な差別的取扱い」を禁止し、障害のある人から申出があった場合に「合理的配慮の提供」を求めることなどを通じて、「共生社会」を実現することを目指しています[※]。

障害のある人の活動などを制限しているバリアを取り除くために、障害者差別解消法では、行政機関等や事業者に対して、障害のある人に対する「合理的配慮」の提供を求めており、具体的には、

① 行政機関等と事業者が、② その事務・事業を行うに当たり、③ 個々の場面で、障害者から「社会的なバリアを取り除いてほしい」旨の意思の表明があった場合に、④ その実施に伴う負担が過重でないときに、⑤ 社会的なバリアを取り除くために必要かつ合理的な配慮を講ずること とされています。

なお、2021（令和3）年5月、同法は改正され（令和3年法律第56号）、事業者による障害のある人への合理的配慮の提供が義務化されることになり、改正法は2024（令和6）年4

月1日から施行されます。これまでは、「合理的配慮」の法的義務は国や自治体のみに対するもので、企業においては努力義務でしたが、今後は企業においても「合理的配慮」を法的義務として提供することが求められます。

　具体的には、障害のある人に対して、正当な理由なく、障害を理由として、「障害のある方は入店お断り」等サービスの提供を拒否することや、サービスの提供に当たって場所や時間帯を制限すること、障害のない人には付けない条件を付けることなどの不当な差別的取扱はすでに禁止されていますが、それだけでなく、障害のある人と事業者等との間で「建設的対話」を通して相互理解を深め、共に対応案を検討するというプロセスを経た合理的配慮の提供が義務化されるということです。

◎消費者基本法　　◎クーリング・オフ制度

◎障害者虐待防止法　　◎福祉サービス第三者評価

◎成年後見制度　　◎任意後見　　◎法定後見　　◎後見

◎保佐　　◎補助　　◎日常生活自立支援事業

◎障害者差別解消法

（執筆：小川孔美）

## 第4章　介護・福祉サービスの理解と医療との連携（21問）

問　題

Q1　介護保険制度は、介護を、それまでの家族内の問題から社会全体で介護を担う「家族の社会化」を目的として創設された。

Q2　介護保険の被保険者について、第1号被保険者は40歳以上65歳未満の者、第2号被保険者は65歳以上の者である。

Q3　介護保険の介護給付の対象者は、「要介護1」から「要介護5」までの人である。

Q4　小規模多機能型居宅介護は、「通い」を中心として、随時「訪問」や「泊まり」を組み合わせて提供するサービスである。

Q5　第1号被保険者の介護保険料は、各市町村等が3年ごとに策定する「介護保険事業計画」にもとづいて設定される。

Q6　介護サービス情報の公表制度とは、各市町村が、介護保険サービスの範囲外で独自に行っている介護サービスの情報を公表することを義務づけた制度である。

Q7　薬を飲む時間について、「食間」と指定があった場合は、食事中に食物といっしょに服用することを意味している。

Q8　「舌下投与」とは、舌の下に薬を置き、嚙んだり飲みこんだりせず、自然に溶けるのを待つ投与方法である。

Q9　痰の吸引は、2012（平成24）年度から、一定教育を受けた介護職員等が一定の条件の下で行ってもよい行為となった。

Q10　ストーマ（腹部に造設した人工排泄口）の保有者を「オストメイト」と呼ぶ。

Q11　爪切りでは、巻き爪になることを予防するため、爪の角を丸く切ることがポイントである。

Q12　褥瘡の予防のため、発赤など初期症状があれば、すぐに発赤部分のマッサージをしたほうがよい。

Q13　自己導尿とは、排尿障害が起こった場合、間欠的に利用者自身が他者に依存することなく導尿できる技術である。

Q14　リハビリテーションの考え方の根源には、人として当たり前の生活を送るという「セルフ・メディケーション」の考え方がある。

Q15　リハビリテーション医療の過程を大きく分けた場合、「急性期リハビリテーション」「回復期リハビリテーション」「維持期リハビリテーション」の3つに分けることができる。

Q16 維持期のリハビリテーションは、すでに医療機関の管理から離れているため、医師の関与は必要としない。

Q17 身体障害者の障害等級は、重度のものから順に1級から7級まである。

Q18 障害者総合支援法における自立支援給付の支給申請は、厚生労働大臣に行う。

Q19 障害者虐待防止法に定める虐待には、暴言などの心理的虐待は含まれない。

Q20 「成年後見制度」の内容には、不動産や預貯金などの財産管理だけでなく、介護施設等への入所契約の締結も含まれる。

Q21 「日常生活自立支援事業」の対象者は居宅で暮らす者に限定されており、施設入所者は対象とならない。

A 1　×（第1節「1　介護保険制度創設の背景と目的・動向」）
　介護保険制度の目的は、介護を社会全体で担う「介護の社会化」です。

A 2　×（第1節「2　介護保険制度の仕組みと基礎的理解」）
　第1号被保険者は市町村の区域内に住所を有する65歳以上、第2号被保険者は市町村の区域内に住所を有する40歳以上65歳未満の医療保険加入者です。

A 3　○（第1節「2　介護保険制度の仕組みと基礎的理解」）
　なお、予防給付の対象となるのは、「要支援1」、「要支援2」の人です。

A 4　○（第1節「2　介護保険制度の仕組みと基礎的理解」）
　設問のとおり。

A 5　○（第1節「3　介護保険制度の財源、組織・団体の機能と役割」）
　なお、介護保険料は年々増加する傾向にあります。

A 6　×（第1節「3　介護保険制度の財源、組織・団体の機能と役割」）
　介護サービス情報の公表制度とは、介護サービス事業所からの報告や調査によって得られた情報について、都道府県・指定都市が公表するものです。

A 7　×（第2節「1　高齢者の服薬と留意点」）
　「食間」とは、食事と食事の間のことで、食後2時間くらいに服用するのが一般的です。

A 8　○（第2節「1　高齢者の服薬と留意点」）
　薬の成分は舌下の粘膜から吸収され、血管を通って直接、心臓や肺などの組織へ運ばれます。噛んだり飲み込んだりしないよう注意が必要です。

A 9　○（第2節「2　経管栄養、吸引、吸入、浣腸など」）
　一定の条件とは、50時間の研修などです。

A10　○（第2節「2　経管栄養、吸引、吸入、浣腸など」）
　設問のとおり。

A11　×（第2節「2　経管栄養、吸引、吸入、浣腸など」）
　角を丸く切ると巻き爪になる恐れがあるため、指の輪郭に合わせ、ほぼまっすぐな形に切ります。

A12　×（第2節「2　経管栄養、吸引、吸入、浣腸など」）
　発赤など初期症状がある場合、マッサージなどをせず、すぐに医療職に報告します。

A13　○（第2節「2　経管栄養、吸引、吸入、浣腸など」）
　設問のとおり。

A14　×（第2節「5　リハビリテーション医療の意義と役割」）
　リハビリテーションとは、障害のある人を社会において再び生活できるようにする自立を目指しており、その基本には、人として当たり前の生活を送るという「ノーマライゼーション」の考え方があります。

A15 ○（第2節「6　リハビリテーション医療の過程」）

リハビリテーション医療の過程は、病気やけがの治療段階（急性期）から、その病態が落ち着いた段階（回復期）、そして退院後に機能改善・維持を目指す段階（維持期）があります。

A16 ×（第2節「7　訪問・通所・地域リハビリテーション」）

リハビリテーションは、訪問、通所ともに、医師が必要と認めた場合に行われます。

A17 ○（第3節「1　制度創設の理念・背景と目的」）

7級は、肢体不自由についてのみあり、7級に該当する障害が2つ以上あれば、6級として認定されます。

A18 ×（第3節「2　制度の仕組みと基礎的理解」）

居住地の市町村に支給申請を行います。

A19 ×（第3節「3　個人の権利を守る制度の概要」）

暴言や拒絶的対応等は、障害者に著しい心理的外傷を与えるものであり、障害者虐待防止法に定める虐待に含まれます。

A20 ○（第3節「3　個人の権利を守る制度の概要」）

これらの契約について、自身で判断することが難しい場合に成年後見制度を利用します。悪徳商法の被害に遭わないためにも、同制度の利用が有効です。

A21 ×（第3節「3　個人の権利を守る制度の概要」）

日常生活自立支援事業は、自己決定や適切なサービスを請求する権利、拘束・虐待からの自由についての権利を守ることが目的であり、施設や病院の利用者も対象となります。

# 第5章
# 介護における
# コミュニケーション技術

# 1　コミュニケーションの意義と目的、役割

　　コミュニケーションという言葉は、とても身近な日本語になりました。しかし、明確な定義は簡単ではありません。ここではコミュニケーションとはどのようなものか、その成り立ちや役割について理解し、介護の現場で必要なコミュニケーションについての知識を学び、利用者との実践に活かせる技術を理解します。
　　ここでは、
　　①　コミュニケーションの基本要素
　　②　コミュニケーションの目的と方法
　　③　相手のコミュニケーション能力への理解と配慮
　　について理解してください。

## Ⅰ　コミュニケーション

### 1　コミュニケーションの2つの領域

　　コミュニケーションの領域は、大きく分けて次の2つがあります。

**(1)　マスメディアやコンピュータによる機械工学的な情報上でのコミュニケーション**

　　例）交通や製造業でのオートメーションシステム、コンピュータ内の情報処理など

**(2)　動物や人間を含む生物体の間の音声や動作、シンボルや言語を駆使して行われる意思疎通や相互作用**

　　例）鳥のなき声、馬や牛のいななき、虫のなき声、イルカのなき声、蝶の飛び方など

　　(1)も(2)も何らかの情報交換と伝達という点では共通しています。ここでは、介護でのコミュニケーションを考えるため、(2)の生物体の間でも対人間、特に個人の間でのコミュニケーションを中心に考えていきます。

### 2　人にとって不可欠なコミュニケーション

**(1)　コミュニケーションのルーツ**

　　人間とは、人の間と書くように、集団で暮らすことが宿命づけられています。一人の原始人が、もう一人の原始人に出会い、懸命に身振りや声によって、敵ではなく仲間だと伝え、群れをなし村を形成しました。これがコミュニケーションのルーツと考えられています。したがって人は集団内で常に何らかの意思伝達、交流を図っています。互いの存在認知の音声や動作のすべてがコミュニケーションといえます。

## ⑵　コミュニケーションは情報伝達

　人間だけでなく、多くの動物は群れを作って行動し、なき声や動作で危険の接近や食料のありか等の情報を伝達し合います。人間も進化の過程で、集団での情報交換のためのコミュニケーション手段を飛躍的に発達させました。

## 3　コミュニケーション手段の発達による成果と課題

　言葉とそれを記録する文字により、情報の蓄積と記録が可能になり、情報量の増加とともに伝達方法や機器などのコミュニケーション技術も発達しました。また、障害者のコミュニケーション方法として、新たな情報機器*が開発されています。

　インターネットや携帯電話の普及により、情報機器を介してのコミュニケーションが、日常生活や職場で一般的になりました。これらの便利さに頼りすぎると、会話や礼儀などの対面でのコミュニケーション能力が育成されません。若者達の情報機器に偏ったコミュニケーション力が、今後の課題となるでしょう。

　＊視覚障害者用の点字ディスプレイや光学式読書器、聴覚障害者用の無線方式手書き通信機など多様にある。

# Ⅱ　コミュニケーションの基本要素（定義）

## 1　コミュニケーションの基本要素

　コミュニケーションの基本要素には次の3つがあります（図表1—1）。

図表1-1　コミュニケーションにおける構成要素

送り手　→　チャンネル（メッセージ）　受け手

　①　送り手である発信者、または「発信源」
　②　情報の受け手である受信者、または「送信先」
　③　伝えるべき「メッセージ」

　コミュニケーションには相手が必要ですから、しゃべっていても、一人でぶつぶつ独り言をいうことや、テレビに話しかける（モノローグ）ことは、いずれもコミュニケーションとはいえません。また、逆に言葉や音声を伴わないコミュニケーションもあります。言葉を交わさなくとも一緒にいるだけ、視線を交わし合うだけでもコミュニケーションは成り立ちます。これは、無言のメッセージという心の交流がなされている場合です。

## 2　コミュニケーションの2つのレベル

　コミュニケーションには、意識と無意識の2つのレベルが存在します（図表1—2）。

　意識のレベルとは、発信者が意識して明確に言葉や文字で伝えようとするメッセージをいい、無意識のレベルとは、発信者が意図していないのに感情や心理的動きを視線や表情、動作が表出してしまうことをいいます。

図表1-2　意識と無意識の2つのレベル

意識のレベル
言語や文字で伝えようとするメッセージ

無意識のレベル
感情や心理的動きで表出するメッセージ

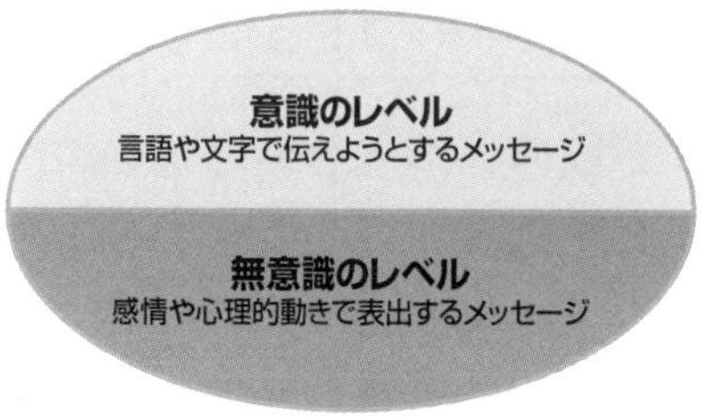

## Ⅲ　コミュニケーションの目的と方法

### 1　コミュニケーションの目的

　コミュニケーションの究極の目的は、集団のルーツでもある互いの「存在の認知」ですが、後の社会の発達に伴い人間生活が複雑化するとともに、さまざまなコミュニケーションの役割が発達しました（図表1－3）。

**図表1－3　コミュニケーションの目的**

| 「挨拶」（存在の認知） | 地域や集団の中で仲間づくりの入り口にもなる。 |
|---|---|
| 「情報伝達」 | 仕事や集団生活に欠かせない必要な情報を相互交換し伝え合う。 |
| 「相互交流と理解」 | 社交や親睦として二者間やグループでの良い関係を保つ。相手の人となりを深く理解する。 |
| 「感情や情緒の交流」 | 親密で身近な関係で互いに感情を表現し合い、受容し合う緊密な交流。 |

### 2　コミュニケーションの手段・方法

#### (1)　相手や関係によるコミュニケーションの手段や方法の変化

　言語によるコミュニケーションが難しい人や親密な人間関係には、安心感を伝えやすい身体的コミュニケーションが適しています。

例1）言葉が理解できない乳幼児には、笑顔や抱っこ、頭をなでる等の身体的接触をする。

例2）目の不自由な人には落ち着いた声で、耳の聞こえにくい人には耳元で話す。

例3）認知症の高齢者にはやさしく手を握ったり、肩に手を置くなどして話しかける。

#### (2)　目的によるコミュニケーションの手段や方法の変化

　目的によってコミュニケーションの手段や方法を変えます。

例1）家族や利用者本人へのケアプランの説明や介護サービス契約の場合は、パンフレットや説明書を提示しながら口頭で丁寧に解説する。利用者以外にも家族に同席してもらうほうが、後で生じる誤解や不信を防ぐことができます。

例2）認知症の高齢者や知的障害者、精神障害者の利用者にデイサービスやグループ活動での充実感や親近感、居心地のよさを感じてもらうには、簡単な作業をしたり、一緒に歌う、身体を動かすレクリエーション活動が効果的です。

## Ⅳ　相手のコミュニケーション能力への理解と配慮

### 1　相手のコミュニケーション能力の判断

　普段の人づき合いと違い、介護の仕事では、できるだけ早く利用者のコミュニケーション能力を把握する必要があります。それは、いつ何時にも緊急時の誘導や、体調が急変した際の安全確保が必要になるかもしれないからです。また、できるだけ早く信頼関係を築いて、可能な限り効果的なコミュニケーション方法を活用するためでもあります。

## 2　働きかけによる観察

相手のコミュニケーション能力を判断するためには、さりげない声かけや挨拶により、相手の動作や状態を観察して察知することが大切です。それは障害者や高齢者が自分の障害の状態について、何度も質問される不快感や手間を避けるためです。

そのうえで相手のコミュニケーション能力に適した方法や手段で互いの意思の疎通を図ります。例えば、難聴がみられる高齢者と話す時は、顔を耳に近づけてゆっくりわかりやすく話し、聞く時は、正面の至近距離で表情を見ながら耳を傾けるなどです。

## 3　障害に応じたコミュニケーション能力への理解

コミュニケーション能力に障害がある人の場合は、どの機能に障害があるのか、また、障害の程度はどのくらいかを知る必要があります。介護者のコミュニケーション能力としてもっとも重要な姿勢は、相手の反応や様子をよく見てコミュニケーション能力を察知することです。また、こちらの言いたいことを伝えることよりも、まず利用者の状態を観察し、相手が何を伝えたいか、神経を集中して理解しようとすることです。介護におけるコミュニケーションでは受信力が一番重要です。

障害によるコミュニケーション能力のハンディキャップ（以下、「ハンディ」といいます）の主な特徴は、次のとおりです。
① 脳梗塞による脳の機能障害（重度）の高齢者や重度の知的障害者の場合
脳の機能不全のため受信段階での理解・認識の程度が異なっていますが、発信段階でも多くの領域でコミュニケーション能力に大きな支障を抱えています。
② 視覚障害者や聴覚障害者の場合
受信段階でのハンディが点字や補聴器などの使用でカバーできれば、発信段階でのハンディはあまりありません。
③ 精神障害者や軽度の知的障害者の場合
外見だけでは判断がしにくいですが、コミュニケーション上の障害がある人もいます。程度によってかなりの差がありますが、受信段階での認識や思考面でのハンディが大きいので、発信面でも複雑な内容の場合は支障があります。

今後の学習のためのキーワード
◎コミュニケーションの基本要素　◎コミュニケーションの目的
◎コミュニケーションの手段や方法　◎相手への配慮

（執筆：鈴木眞理子）

# 2　コミュニケーションの手段と技法

コミュニケーション手段のもっとも基本である2つの領域、言語的コミュニケーションと非言語的コミュニケーションの特徴とその活用方法、特に介護の現場での活かし方について学びます。
ここでは、
① 言語的コミュニケーション
② 非言語的コミュニケーション
について**理解**してください。

## Ⅰ　言語的コミュニケーション

### 1　言語的コミュニケーションの特徴

言語的コミュニケーションには、次のような特徴があります。
① 複雑で膨大な情報内容を正確に伝えるのに適しています。
② 緻密で高度な情報内容を記録したり、保存したりするのに適しています。
③ 言葉を介しているので日本語圏、英語圏など、特定の言語圏内でしか通用しません。

### 2　言語的コミュニケーションの種類

言語的コミュニケーションには、次のような種類があります。
① 文字による伝達：文章や書物、手紙（電子メール）、メモや書類、詩や和歌等
② 音声を通じて伝えるもの：会話（電話）、スピーチ、歌、モールス信号等

## Ⅱ　非言語的コミュニケーション

### 1　非言語的コミュニケーションの特徴

非言語的コミュニケーションには、次のような特徴があります。
① 言語を介していないので、万国共通で通じます。
② 言語的メッセージよりも内面の心理的世界に近いものを伝達できます。
③ 情報内容は主観的で、不明確、不確定になりやすいきらいがあります。
④ 映像にすれば保存できますが、動作のように瞬間に消えてしまうものが多いです。
⑤ 五感のなかでは視覚、聴覚に加え、嗅覚、味覚、触覚への多様な刺激があります。
⑥ 本人が意識していない感情は、非言語的コミュニケーションで表現されることが多いです。

## 2 非言語的コミュニケーションの多様な役割

非言語的コミュニケーションには、言語的メッセージの補完、代替、強調、否定、調整の役割もあります。

① 「こちらへどうぞ」と声をかけながら、手招きする（補完）。
② 「それは困ります」と言いながら、片手で押しとどめる（強調）。
③ 口頭では「とても料理がお上手」と褒めても、実際には箸が進まず半分食べ残す（否定）。
④ 「都合が悪いので一緒に行けないの」とにっこり微笑みながら断り機嫌をとる（調整）。

## 3 非言語的コミュニケーションの種類

非言語的コミュニケーションには、次のような種類があります。

① 身振りや手振り（ジェスチャー）、顔の表情、視線や凝視、身体全体の姿勢や態度
② 映像（テレビ、映画）、絵画やイラスト（漫画）
③ 距離感（接近度）、スキンシップ、服装や化粧
④ 贈り物、賞状、花束
⑤ ゲームや遊び、舞踊や音楽、食事やパーティー
⑥ 沈黙、一緒に居ること

## 4 介護の現場で有効な非言語的コミュニケーション

知的障害者や認知症の高齢者との会話では、難しい語彙や複雑な内容は通じにくい場合があります。そのため高齢者や障害者とのコミュニケーションでは、非言語的コミュニケーションが有効です。安心感と信頼感を形成するには、握手や腕を組むなど身体的な接触や笑顔が会話より効果的です。

言語的コミュニケーションに困難がある高齢者や障害者でも、介護者の言動や雰囲気にはとても敏感な傾向があります。会話や態度で表現できなくても、介護者の命令口調や荒々しい動作で怖がったり、傷ついている場合もあります。介護環境の快適さのためにも介護者は、ゆったりした気持ちや動きを心がけます。表情や態度、声の調子という非言語的コミュニケーションは、無意識の心の状態が反映されやすいからです。

今後の学習のためのキーワード

◎言語的コミュニケーション　　◎非言語的コミュニケーション

（執筆：鈴木眞理子）

# 3　利用者・家族への対応の基礎知識

　　　　介護の現場で利用者と家族に信頼を得るための効果的なコミュニケーション技法としてカウンセリングマインドについて理解し、実際に活用できるようにします。
　　　コミュニケーションとは、挨拶や笑顔のように、本来、人と人とを結ぶ良い役割のものですが、なかにはどなったり、にらんだりと相手に不快感を与えるものもあります。介護者はコミュニケーションの達人を目指して、良いコミュニケーションを心がけましょう。
　　　ここでは、
　　　①　カウンセリングマインド
　　　②　良いコミュニケーションと悪いコミュニケーション
　　について理解してください。

## Ⅰ　利用者の信頼を得るためのカウンセリングマインド

### 1　カウンセリングマインドの基本

　カウンセリングとは、精神分析や臨床心理の流れをくむ相談援助の一種で、専門的にはさまざまな流派や技法があります。ここでは、障害者や高齢者とその家族の話をより効果的に聞く心得として、カウンセリングの基礎であるカウンセリングマインドを身につけます。

　介護の現場でのコミュニケーションは、社会的な仕事や商取引での理性的なやりとりと違い、どうしても人間の心情に深く関わる次元での話が多くなります。

　そこでコミュニケーションを効果的に運ぶには、まず、話す人に自由に気持ちを語ってもらえる雰囲気づくりが必要です。また、聞くほうも理性や客観性は半分にして、相手に胸を貸すつもりで、懐深くその心情を受け止める姿勢が大事になります。これがカウンセリングマインドで、「傾聴」「受容」「共感」につながり、相手のわだかまった心の澱を取り除くことが可能になります。

### 2　傾聴

　利用者が何を伝えたいか、利用者の気持ちに関心を集中させます。電話では、話し手の声や心の動きに神経を集中します。対面では、表情や視線、態度で関心を持っている姿勢を表します。相手に対して、どのような働きかけが適しているか、また、効果的かを考えながら、真剣に向かい合うことです。

　心のアンテナを張って、期待しているのは助言か、支えか、励ましか、また、話の詳細な内容から、利用者の心理状態、感情の動きを察知するようにします。

## 3　受容（感情と存在を受け止める）

　受容とは、相手の話の内容をすべて正しいとか、良いなどと認めることではありません。誰かに聞いてほしい話や気持ちを、大事に受け止めることです。人の感情や存在は不条理なもので、理性で処理できないものが多々あります。相手の感情が怒りや恨み、憎しみなど、どのようなマイナス感情であろうと、受け止めることが大切です。これを非審判的態度と呼びます。

## 4　カウンセリングの受容による効果

　カウンセリングの目的は、相談して助言を得るだけではなく、溜まった心情を表出して共感・理解してもらうことです。感情を吐露して受容された結果、心中のわだかまっていたマイナス感情を取り除くことができ、それがカタルシス*（昇華）となり心の癒やしになります。
　自分の存在や心情が理解され尊重されると、安心感と精神的な余裕が生まれます。心の余裕と安定により、冷静な精神状態を取り戻し、自己決定が可能になります。マイナス感情の整理は心のリフレッシュであり、自己決定のための精神的環境整備です。
　　＊カタルシス：精神的悩みや恨みの感情を一段高い境地や行動に変えること。（例）障害を負った苦悩や運命への恨みを当事者団体による抗議活動をすることで発散し、そのリーダーとなる。

## 5　共　感

　相談者の心情を理解し、受容することは共感につながります。傾聴・受容・共感の成就により相談者の心の状態は冷静になり、後悔しない自己決定を行うことができます。また自己覚知したカウンセラーによる受容は共感による精神的安定効果を生みます。面接場面だけの傾聴や受容的態度でも共感が生まれ、相談者にはカタルシス効果があります。

## 6　同情と共感の違い

　相談者の心情に同調し、感情に振り回されるのは同情であり、共感とは異なります。　自己覚知の不足したカウンセラーは、共感しているつもりでも単なる同情の場合があります。また、相談者の影響力が強すぎて、カウンセラーが親和性を持つ場合、同情うつや同情自殺の可能性もあります。同情と共感は、似て非なるものです。同情されるだけでは相談者の気持ちにカタルシス効果はなく、すっきりとはしません。

## 7　自己覚知

　カウンセラーは、自分の価値観・思考・個性などを自覚して、相手との精神的距離を確保できる冷静さが求められます。助言者（カウンセラー）側の精神的余裕、客観性（覚めた目）を自己覚知といいます。心情の揺らいでいる相談者を支えるには、自己覚知が確立している助言者が必要です。自己覚知が不十分なカウンセラーは、自己防衛のため、相談者の感情を抑え、避けようとすることがあります。

# 第1節　介護におけるコミュニケーション

## Ⅱ 良いコミュニケーションと悪いコミュニケーション

### 1　肯定的コミュニケーションと否定的コミュニケーション

　日々、さまざまなコミュニケーションを経験していると、快感や喜び、元気が湧いてくるものと、その逆で不快感やストレスどころか、怒りさえ覚える後味の悪いものがあることがわかります。前者のエネルギーや酸素を与えてくれるものは、プラスの肯定的コミュニケーション、後者の不快感やストレスを残すものは、マイナスの否定的なコミュニケーションといえます。

　プラスの言葉かけの例は、「今日は顔色も良くお元気そうですね」「しっかり立てるようになりましたね」「食欲が出て、食事量が増えましたね」など、さりげなく褒めて励ますことです。逆にマイナスの言葉かけは、「またこぼしましたね。服を着替えるのは大変ですよ」「歩くのは無理ですから、外出は止めておきましょう」など相手の失敗をとがめ、利用者を萎縮させることです。

　否定的コミュニケーションを投げかけられて、喜んだり気分の良い人はいません。否定的コミュニケーションは相手にマイナス反応を起こさせ、より大きな恨みや暴力に増幅されて返ってきます。ストレスの多い職場や家庭では、この否定的コミュニケーションが多くなり、おのずから人間関係も葛藤の多いものになります。

　介護者は利用者から時として否定的コミュニケーションが返ってくることがありますが、動揺せずに落ちついて対応することが基本です（図表1－4）。

**図表1－4　コミュニケーションの種類**

| 種　類 | 肯定的なもの | 否定的なもの |
|---|---|---|
| 身体的なもの | なでる、握手する、愛撫する、腕を組む、肩を組む、ほおずりをする、抱擁する | たたく、殴る、蹴る、つねる、押す、つつく、突き飛ばす |
| 心理的なもの、表情 | 微笑む、うなずく、見つめる、耳を傾ける | にらむ、ばかにする、あざ笑う、無視する、威圧する |
| 言葉によるもの | 挨拶する、ほめる、慰める、励ます、語りかける | しかる、非難する、悪口を言う、責める、皮肉を言う、罵倒する（ののしる） |
| 物によるもの | 表彰状、賞金、勲章 | 物でたたく、傷つける |

### 2　コミュニケーションと自我状態

#### (1)　交流分析と自我状態

　アメリカでフロイトの精神分析理論を心理療法の臨床に応用し、心理学ブームに乗って一般に普及したのが交流分析＊です。交流分析ではコミュニケーションを、個人のある自我状態から相手の自我状態へのメッセージの発信と捉え、これを相手へのストローク（刺激）といいます。また、個人のコミュニケーションや自我状態は、幼少期からの成長過程や人間関係でそれぞれの癖や傾向が形成されており、それを自分であらかじめ気づいておくことは、対人サービスである医療や福祉の援助職には自己覚知として必要とされました。

## Ⅱ 良いコミュニケーションと悪いコミュニケーション

そのため、交流分析理論に基づき開発されたエゴグラム\*は、対人技能の訓練に有効な心理テストとして大いに発展、活用されました。

　　\*交流分析：エリック・バーンというユダヤ人の精神分析家が提唱した理論で、医療関係職のチームワークや患者と看護師の間のコミュニケーション能力の改善に有効であると世界的に広がった。

　　\*エゴグラム：簡単な日常的な行動についての質問にイエス、ノーで答え、それを数量化した結果で個人の自我状態の傾向を知ることができる。対人関係の自己覚知に活かすため多様なエゴグラムの心理テストが開発された。

## ⑵　3つの自我状態とその特徴

　交流分析では、人の日常の心理状態には大きくP、A、Cの3つの自我状態があるとします。Pは人をリードしたり保護しようとする親的な部分、Aは社会的で理性的な大人の部分、Cは誰もが持っている甘えたい、無邪気な子どもの部分です。

　また、交流分析では、コミュニケーションは個人の自我状態のP、A、Cのいずれかから、相手のP、A、Cのいずれかへのメッセージと捉えられます。

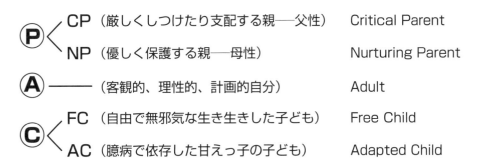

| P < | CP（厳しくしつけたり支配する親──父性） | Critical Parent |
| | NP（優しく保護する親──母性） | Nurturing Parent |
| A ── | （客観的、理性的、計画的自分） | Adult |
| C < | FC（自由で無邪気な生き生きした子ども） | Free Child |
| | AC（臆病で依存した甘えっ子の子ども） | Adapted Child |

## 3　悪いコミュニケーションとその例

### ⑴　悪いコミュニケーション

　コミュニケーションは発信者から相手へのメッセージであり、相手に何かを期待して発するものです。商談や打ち合わせ、会議などの仕事上のコミュニケーションは情報交換や報告、指示命令が主で、情緒的やりとりは伴いません。感情の交流のないコミュニケーションでは、上司からミスや怠慢を叱責されない限り、不満や不全感は残りません。これは交流分析でいう、A（大人）同士のいわゆる理性的なコミュニケーションだからです。

　ところが友人、親子、師弟関係の場合、コミュニケーションの多くは親密さや感情の交流を目的としており、相手に慰めや優しさを期待しています。交流分析でいえば、甘えたいC（子ども）から相手のP（親）に発したものです。

　しかし、相手の精神状態によっては無視されたり期待が裏切られる場合もあります。交流分析でいえば、相手のP（親）が受け止める余裕がなく、C（子ども）の自我状態から反発された場合です。この感情のすれ違いが、近しい間柄では甘えも手伝い、より大きな反発や怒りを生みやすいのです。

（2）　悪いやりとりの例

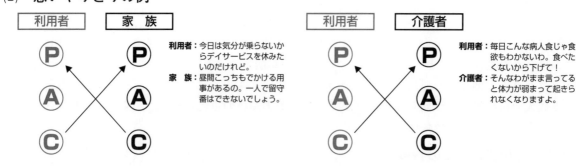

利用者：今日は気分が乗らないからデイサービスを休みたいのだけれど。

家族：昼間こっちもでかける用事があるの。一人で留守番はできないでしょう。

利用者：毎日こんな病人食じゃ食欲もわかないわ。食べたくないから下げて！

介護者：そんなわがまま言ってると体力が弱まって起きられなくなりますよ。

## 4　良いコミュニケーションとその例

### （1）　良いコミュニケーション

　良いコミュニケーションの秘訣とは、受容と共感（じゅよう　きょうかん）が重要です。利用者が何か不満を感じ、どのような配慮やケアを期待しているかを察知し、その気持ちを理解したという反応を示すことでほとんどは満足し落ち着いていきます。悪いコミュニケーションでは受容をせずに、いきなりつっぱねてこちらの言い分をぶつけてしまうので、利用者側に裏切られた気持ちや不平不満のマイナス感情が増幅されてしまうのです。

　最初に悩みや不満のマイナス感情を受け止めてもらえば、ほとんどの人は自分の期待が通じたと満足し、心に余裕が生まれます。最初の受容のワンクッションで、相手の心に冷静さと余裕ができたところに、事情を説明すると理解されやすいのです。ここで双方の心が歩み寄ることができます。

### （2）　良いやりとりの例

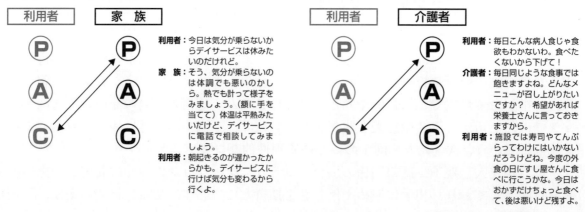

利用者：今日は気分が乗らないからデイサービスは休みたいのだけれど。

家族：そう、気分が乗らないのは体調でも悪いのかしら。熱でも計って様子をみましょう。（額に手を当てて）体温は平熱みたいだけど、デイサービスに電話で相談してみましょう。

利用者：朝起きるのが遅かったからかも。デイサービスに行けば気分も変わるから行くよ。

利用者：毎日こんな病人食じゃ食欲もわかないわ。食べたくないから下げて！

介護者：毎日同じような食事では飽きますよね。どんなメニューが召し上がりたいですか？　希望があれば栄養士さんに言っておきますから。

利用者：施設では寿司やてんぷらってわけにはいかないだろうけどね。今度の外食の日にすし屋さんに食べに行こうかな。今日はおかずだけちょっと食べて、後は悪いけど残すよ。

今後の学習のための　◎カウンセリングマインド　　◎傾聴
キーワード　　◎受容　　◎共感　　◎自己覚知

（執筆：鈴木眞理子）

# 4　利用者・家族への対応の実際

カウンセリングマインドによって得た知識を基礎に、利用者・家族の信頼を得られる効果的なコミュニケーション技法の実際を理解し、実践に活かすことが大切です。
ここでは、
① 利用者、家族の思いを把握するコミュニケーション
② 利用者との信頼関係を結ぶコミュニケーション
③ 家族へのいたわりと励まし
について理解してください。

## Ⅰ　利用者、家族の思いを把握するコミュニケーション

### 1　傾聴的態度の実際

　介護の場面では、「話し上手よりも聞き上手」という対応が求められることが多くあります。上手に話しかけることや、たくみな質問よりも、相手の言葉に耳を傾ける態度が何より効果的です。それには、上から見下ろしてしまうような視線よりも、こちらが腰を落として利用者と同じ高さの目線になって、表情を受け止めながら話を聞くことが大切です。その際は、聞くことに集中します。ほかのことをしながら、また上の空で聞かないことです。

　話の節目には、相槌を打ったり頷いたりして、受け止めていることを態度で示します。「その時とてもうれしかったのですね」などと合間で要点を反復すると、肯定的で支持する働きかけになり、話し手は励まされます。

### 2　利用者、家族の意欲低下の要因

　利用者や家族はさまざまな不安や悩み、悲しみやつらさを抱えています。そのほかにも肉体的痛みや苦しさ、疲労や経済的悩みも追加され、それらのマイナス感情は抑圧となり、信頼できる支援がない場合、誰も自分たちの状況を理解してくれないという孤独感に陥ります。

### 3　マイナス感情の軽減と苦悩や感情への共感

　マイナス感情は、"病は気から"のごとく病気を悪化させ意欲低下を招くので、プラス思考に転換しなければなりません。そのため利用者や家族の問題や悩みなど、できるだけつらい感情は表出して発散してもらうことが必要です。「それは悲しかったでしょう」などと感情的につらい体験には共感的な態度を示して、マイナス感情を軽くするようにします。

## Ⅱ　利用者との信頼関係を結ぶコミュニケーション

### 1　個別化

　個別化とは、高齢者、障害者の一人ひとりの存在に、尊敬の念を持って接し、その人の過去や生活、人生観、価値観などを尊重することです。「お年寄り」「おばあちゃん」などと一般化せず、「田中さん」「木村さん」等と姓で認識して呼びます。

### 2　利用者との安定した信頼関係

　利用者や家族からの信頼は、一朝一夕には得られません。根気よく時間をかけて築くものです。信頼関係が形成されたら、それを安定したものに維持するため、しばらく一定の働きかけや距離を維持します。安定したら、必要な時にいつでも相談や援助を求められるようにして、オープンな関係を保持します。

### 3　介護と個人情報の秘密保持

　介護という仕事は、個人のプライバシーに接する仕事です。そのため、利用者や家族の個人的な情報を、みだりに人に漏らさないという「秘密保持」の原則があります。しかし、利用者の安全のための緊急の場合、医療関係者や警察などに必要な情報は提供できます。

### 4　非審判的態度

　どのような問題や悩みの相談であっても、介護職は仕事として誠実に聞かなければなりません。みだりに自分の価値観で批判したり、説教がましいことは言わないよう心がけます。利用者の言動等に対して、自分の価値基準による一方的な判断は、慎みましょう。

## Ⅲ　家族へのいたわりと励まし

### 1　家族の心理的理解

　三世代同居や子どもの数の減少により、家族の介護力は減退しています。このため家族介護者は、地域からの孤立や従来の社会生活の変更を迫られる場合があります。特に中心になって介護を担う家族は、過労やストレスにより心理的なバランスさえ崩しかねません。以下のような傾向をよく理解しましょう。

①　家族は要介護者本人よりも精神的負担や悩みが大きい場合がある。
②　食事や外出の生活時間の変更や、職業や社交など社会活動をあきらめることを余儀なくされることからの不満がたまることがある。
③　家事の肉体的負担、医療や介護の経済的負担、常時配慮する精神的負担などが大きい。
④　なぜ自分だけが介護の負担を背負うのか、という負担を感じることがある。
⑤　共働きの場合は仕事との両立、子どもが小さい場合は育児との両立の負担が大きい。
⑥　他の家族や親族から理解されず、援助を得られないという孤立感がある。
⑦　介護者が高齢者の場合は、老老介護の負担がある。

⑧　家族が利用者に葛藤を抱えている場合、家族のストレスは大きい。

例）・若い頃に嫁の立場で、姑に苛められた時期があった。

　　・きょうだいのなかで自分だけ差別され、つらく当たられたと思い込んでいる。

## 2　家族への支えとなる働きかけ

　介護者は、利用者だけを介護するのではなく、広く捉えると家族も利用者に含まれます。家族の生活が順調であれば、利用者の精神的安定にもつながり、介護の効果が発揮されます。利用者のためにも家族への励ましと支援は、介護者の仕事の一部です。

例１）悩みがありそうな家族には、介護の悩みや精神的ストレスについて、弱音を吐けるきっかけを作る（カウンセリング）。

　　・「元気がありませんが、何か、お困りのことでもありますか？」

例２）負担を抱え、つらい思いをしている家族は自分だけでないことを伝え力づける。

　　・「私の親戚でも認知症の親を抱えて、最初はショックで大変だったんですよ」

例３）無理せずにいつでも相談や援助を求められる雰囲気をつくる。

　　・「一人で頑張らず、外に助けを求めてくださいね。そのために我々がいるのですから」

例４）介護者中心の生活から、家族も自己実現ができる生活に転換を勧める。

　　・「気分のリフレッシュのために何か新しい趣味でも始められたらいかがですか？」

　　・「お母さんが生き生きとされていたほうが、お子さんも機嫌がいいみたいですよ」

## 3　地域の社会資源の活用による家族の負担軽減

　地域には、NPOや住民参加型の介護サービスやボランティアのほか、様々な機関による有料サービスも増えています。介護保険のサービスの他に、これらを組み合わせて活用することを勧めて、家族の負担軽減を図ることも重要です。

例１）・「地域の見守りや話し相手のボランティアを活用すると、家族の外出時間ができますよ」

例２）・「ショートステイやレスパイトケア（一時的にケアを代替し、介護する家族にリフレッシュを図ってもらう）、配食サービス、移送サービスを利用すると、家族がリフレッシュできますよ」

例３）・「家族会や介護研修に参加すると、家族同士でのネットワーク、友人・仲間が作れますよ」

今後の学習のためのキーワード

◎傾聴的態度　　◎利用者との信頼関係

◎非審判的態度　　◎家族へのいたわりと励まし

（執筆：鈴木眞理子）

# 5　利用者の状況・状態に応じた対応

第5章─1

5

利用者の状況・状態に応じた対応

利用者の障害や状態を理解し、コミュニケーション能力に応じた手段や技術を駆使して、円滑な情報交換や意思の疎通を図れるようにします。ここでは聴覚障害、視覚障害、盲ろう者、失語症、構音障害等に分けて、特徴や傾向、コミュニケーションにおける配慮をまとめます。相手の状況に合わせて相手との信頼感を築き、気持ちと伝えたい内容をキャッチするという基本的態度は共通します。
ここでは、
① 聴覚障害者
② 視覚障害者
③ 盲ろう者
④ 失語症に応じたコミュニケーション
⑤ 構音障害に応じたコミュニケーション
⑥ 認知症に応じたコミュニケーション
⑦ 高次脳機能障害に応じたコミュニケーション
について理解してください。

## Ⅰ　聴覚障害者

### 1　聾唖者の傾向

　一般に、人は3歳頃から簡単な会話ができるようになり、6歳頃までに話す能力が完成します。それ以降に聴覚障害を持った場合、視覚で情報を得られれば、会話することは充分可能です。しかし、生後間もない頃に聴覚障害となった場合、文字の発音や音声の記憶がないので会話を習得するには大きなハンディを負います。そのため、健常者との交流では不便を感じてしまう場合もあります。

　コミュニケーションの手段は筆談、手話、読話、手振りなどいろいろありますが、どれか一つの手段だけではなく、場や相手、必要に合わせていくつかを組み合わせ、闊達にコミュニケーションをとることができます。

### 2　筆談の特徴と応用

　筆談は、手話のできない健聴者と、ある程度複雑な内容を正確に伝達するのに適しますが、会話をそのまま文字にするよりも、単語の羅列や省略形など要約筆記が実用的です。また、単語や主要な言葉を指文字や空書で書いて伝える場合もあります。

　手が不自由で書くことができない場合は、文字盤も使えます。パソコン操作が可能ならば、パソコンでの筆談は正確で、記録に残すこともできます。

### 3　手話の特徴と応用

　手話には、日本語対応の手話と空間活用の視覚言語の手話の2つがあり、場や内容、相手によって使い分けます。また、手話だけでなく、表情や視線、指差しも含めてコミュニケーションを図ります。手話で表現できない場合は、固有名詞などを表現するには指文字も使います。

### 4　読話の特徴と応用

　口の動きだけで話のすべてを完全に理解するのは不可能に近いことです。また、聴覚障害者の持っている語彙の量や言語力によって理解程度は大きく左右されます。

　一度で理解されることが難しく「もう一度言ってください」と言われても、丁寧に対応することが大切です。単語や文節で区切り、発音する時は、ゆっくり口の形を意識して話します。また、身振りや筆談で補うこともわかりやすくする方法です。

### 5　発語の特徴と応用

　聾学校で発語・発音訓練を受けていれば声が出せますが、聞き取りにくい発音の人もいます。聴覚障害者の発音は、最初はわからなくても慣れると徐々に理解しやすくなります。発音にコンプレックスを持つ人もいるので、真摯に耳を傾けることが大切です。一度で聞き取れない場合、丁寧に「すみません、もう一度お願いします」と促すことは失礼ではありません。大切なことは、いかに真剣に相手の意思を受け止めようとしているかです。

### 6　高齢難聴者の傾向と配慮

　補聴器や補聴援助システムによって聴覚の補強は可能ですが、周囲の雑音や反響で聞き取りにくくなる場合があります。手話の訓練を受けていない人の場合は、筆談や身振りでのコミュニケーションが適しています。聞き取りにくいので人との会話が億劫になり、徐々に引きこもりがちになります。話しかける時は、耳のそばに口を近づけ、大きな声ではっきりと話すよう心がけます。笑顔や優しい態度で会話の雰囲気を大切にして、重要なことのみを繰り返し、確認は筆談等にします。

## Ⅱ　視覚障害者

### 1　視覚障害者の傾向

　視覚を失ったことは大きなハンディですが、残された能力を活かすことでコミュニケーションは可能です。点字の普及、音声情報により多くの視覚障害者の社会的参加が実現しています。視覚を補う感覚として触覚と振動感覚が発達し、点字を読む速さや白杖での行動感覚も視覚障害のない人から見ると驚くほど優れており、社会的支援によって能力を大いに発揮することができます。

## 2　視覚障害者とのコミュニケーション

　点字や音声で情報を得て理解ができれば、話すことに障害がない限り普通の会話が可能です。家庭内や職場など慣れた場所や人との関係での行動なら、声かけ程度でほとんど問題はありません。ただ、慣れていない人や場所の場合、必ず前もって声をかけたり、常に説明しながら行動を起こすことが必要です。介護者として注意することは、いきなり接触したり、安全確保のためでも急に手を引いたり身体に触れたりしないことです。視覚障害者を驚かせますし、誤解を招いてしまうことがあります。

## Ⅲ　盲ろう者

### 1　盲ろう者

　視覚と聴覚に障害を持ち、目と耳、いずれかの障害が「身体障害者手帳」の対象程度の人です。全盲で完全に聞こえない人と、「全盲で難聴」や「弱視でろう」の場合も含まれます。
　肢体不自由や内部障害などの重複障害者も多くいます。コミュニケーション手段も点字や手話などに限られ、情報受信、社会活動に大きなハンディを抱えているために、社会参加には困難さが伴うことがあります。

### 2　盲ろう者とのコミュニケーションと配慮

　聴力が残る場合は音声、視力が残っている場合は筆談も可能ですが、それが難しい場合のコミュニケーション手段に「手書き文字」「通常の点字」「指点字」「触手話」があります。
　① 「手書き文字」とは、盲ろう者の手のひらに文字を書く方法です。本人の障害のタイプをよく聞き、もっとも得意なコミュニケーション方法を用います。
　② 「指点字」とは、点字タイプライターのキーの代わりに通訳者が盲ろう者の指を直接たたく方法です。
　③ 「触手話」とは、盲ろう者が通訳者の手に触れて、表している手話の形を手で触って読み取る方法です。

## Ⅳ　失語症に応じたコミュニケーション

### 1　失語症

　失語症とは、大脳の言語中枢の損傷のため「聞いて理解」「読んで理解」「話す」「書く」の4つの言語障害です。聞いているが、または文章は見えているが、ある言葉の意味が理解できない、話そうとしても言葉が浮かばない、または言葉が浮かんでも発音ができない、文字が書けない、などの症状です。
　本人の意志で治すことはできず、治療による急激な回復も困難です。単語が思い出せず会

話能力が低下しても、思考力や理解力が低下しているわけではありません。

　本人の自信喪失やコンプレックスのため、社会参加から遠ざかる傾向があるので、自助グループが発達し、全国組織の支援団体も活動しています。

## 2　失語症の人とのコミュニケーション方法や配慮

　短い言葉で要点を押さえ、簡潔に、繰り返し話しかけます。言葉がなかなか出なくても根気よく待ち、話題を急に変えたり、先走りをしてはいけません。質問は、イエスかノーで答えられるように、または選択肢をいくつか用意して聞きます。

　残存した言語力を使い、日常的に慣れた会話からできるように誘導するとともに、身振りや動作でどんどん自分の話したいことを表現するように促します。「言葉が出なくても気にしないで」とあたたかく接し、本人のコンプレックスを和らげることが大切ですので、家族や地域のなかでできるだけ役割を用意し、本人の居場所や存在に自信を持ってもらいます。

# Ⅴ　構音障害に応じたコミュニケーション

## 1　運動障害性構音障害の特徴とコミュニケーション

　運動障害性構音障害とは、運動神経のマヒや運動失調（唇、下顎、舌、呼吸器官の運動能力の低下）により構音（発声のための機能）の障害が生じた場合です。運動マヒや運動失調は、失語症ではなく、聞いたり、読んだりして理解し、考えたりすることは可能です。

　しかし、運動失調は小脳や小脳経路の損傷により発声機能に支障が生じ、正しい発音が困難になります。運動マヒで会話が困難な場合は、筆談でも困難が考えられますので、50音の文字盤の使用が有効です。

## 2　喉頭摘出による無喉頭音声

　咽頭がんや喉頭がんの増加により声帯や咽頭全体を摘出し、声を一時的に失う人が増えていますが、音源だけの喪失であり、その他の能力に問題はなく、人工喉頭や食道発声法の訓練をすることで会話は可能です。病前の社会経験を活かし、職業活動をしている人も多くいます。患者数の増加により自助グループや全国組織の支援団体も発展し、高度な技術を駆使して補助機器の開発も進んでいます。

　本人の意欲さえあれば、言語聴覚士（ST）の指導により第2の声を獲得することもできます。「電気式人工喉頭」は、音源を首の前の喉に押し付け、咽頭に音を導きます。また、「笛式人工喉頭」は、気管孔から空気を取り入れ、振動膜を震わせて音を作り、口の中に管で音を導く方法です。また、「食道発声法」は習得が困難ですが、肉声であり、日常生活でもっとも便利な意思伝達法です。

## ３　食道発声によるコミュニケーションと配慮

「食道発声法」とは、食道に取り込んだ空気を使い、仮声門を震わせて声を作る方法です。
　健常者の発声と比べて空気量が15%以下で、音量が小さく、離れたり雑音があると聞きにくいのが難点とされます。「発声補助装置」も開発されていますが、使いこなすのに練習と高度なテクニックが必要です。
　最初は筆談に頼るしかありませんが、単語の発音から短い文まで、多少聞き取りにくくても根気よくゆっくりと励ますことが肝要です。

## Ⅵ　認知症に応じたコミュニケーション

### 1　認知症の特徴とコミュニケーションの留意点

　認知症については、別の単元で詳しく解説しますが、コミュニケーションレベルでの留意点は、複雑で抽象的な事柄は理解しにくいので、具体的で簡潔な話し方にすることです。
　しかし、感情機能は最後まで衰えないので、気持ちを尊重し、共感の態度で接することも必要です。さまざまな問題行動や不安や焦り等の心理状態がありますが、本人の内的世界に由来することを理解すること、失敗しても叱責したり、強く命令したりして自尊心を傷つけないようにすることが大切です。また、小さな子どもに話しかけるような話し方は避けましょう。

### 2　アルツハイマー型認知症の特徴とコミュニケーションの留意点

　認知症とおおよそは同じですが、子ども時代の思い出は鮮明に想起できるという記憶についての特徴を表すので、思い出話をあたたかく受容することです。また、社会的習慣行為は損なわれない場合が多く、社交辞令や習慣行動に周囲がうまく合わせると、円滑な日常生活も可能です。ときに不平不満がみられる人もいますが、人とのコミュニケーションや交流を求める気持ちが強いからと考えられます。

## Ⅶ　高次脳機能障害に応じたコミュニケーション

### 1　高次脳機能障害の特徴と傾向

　脳の外傷による身体障害、失語症、記憶障害、注意障害、認知障害などのさまざまな障害で、易疲労性（疲れやすい）、意欲・発動性の低下、脱抑制・易怒性など、見た目にはまったく分からない症状があります。そのため周囲の理解も得にくく、精神疾患や「怠けているのでは？」などと誤解されやすく、社会的な理解を促すために、当事者組織が全国で活動しています。

## 2　高次脳機能障害の症状に応じたコミュニケーションの留意点

以下のような症状をよく知って、それに合った対応をします（図表1-5）。

図表1-5　症状に応じた留意点

| 症　状 | 対応や留意点 |
|---|---|
| **(1)　易疲労性**<br>・動作がスローであくびが始終出る。<br>・周囲へ意識を向けられず、会話についていけない。 | ・自信をなくすので、せかしたり怠けていると非難したりせず、話し方も本人のペースに合わせる。<br>・刺激の少ない環境を選び、活動では疲れさせないように小休憩をとり、疲れたら充分に休む。 |
| **(2)　意欲・発動性の低下**<br>・他人に興味がわかず、自分から行動を起こせない。<br>・朝起きて日々の活動ができない。 | ・本人もどうにかしたいが、思いどおりにならないので、怠けているなどと絶対に言わない。<br>・こちらが話しかける時は、少し抑揚をつけて、刺激を与える。<br>・何をしようとしているか、約束の内容などを反復してもらい、常に注意を外に向けるよう習慣づける。 |
| **(3)　脱抑制・易怒性**<br>・じっとしていられず、大声を出したり場違いな発言をする。<br>・いつもいらいらして小さなことで腹を立て、人を許すことができない。<br>・感情が顔に出て、周囲の人の感情も害して傷つけたりする。 | ・不適当な言動には怒るのではなく、淡々と指摘して客観的な視点を示す。<br>・他人の責任にせず、自分に問題があることを、落ち着いて諭すように認識してもらう。<br>・怒りを抑制できた時は褒め、自己訓練の成果が自分で自覚できるようにする。 |
| **(4)　注意障害**<br>・覚醒して会話や活動に集中できない。<br>・気が散りやすく、ボーっとして物事の処理にミスが多くなる。 | ・話をするときは、しっかり正面を向いて視線を合わせて話す。<br>・できるだけ表情や身振り手振りを交えて、会話のなかで刺激を与えて注意を向けてもらう。<br>・少し集中できたら褒めて、徐々に注意力が持続していけるよう励ます。 |

**今後の学習のための　キーワード**

◎聴覚障害者　　◎筆談　　◎手話　　◎読話

◎視覚障害者　　◎盲ろう者　　◎失語症　　◎構音障害

（執筆：鈴木眞理子）

〔参考文献〕
①　一番ヶ瀬康子「聴覚・言語障害者とコミュニケーション」一橋出版，2007
②　NPO法人日本脳外傷友の会「脳外傷　高次脳障害を生きる人と家族のために」明石書店，2007
③　橋本圭司「高次脳機能障害がわかる本」法研，2007

# 1　記録による情報の共有化

　　記録とは、利用者支援に関わる介護職等が情報を共有する手段の一つとなります。介護職や医療職のメンバーが交替しても、援助方針やサービス経過などが把握でき、サービスを継続していくためにとても重要なものとなります。
　　ここでは、
　　① 　記録の意義・目的
　　② 　記録の種類
　　③ 　記録の書き方
　　④ 　記録に関わる法令
について理解してください。

## Ⅰ　記録の意義・目的

### 1　記録の意義・目的

| | |
|---|---|
| 1 | **利用者の理解**<br>利用者を知らないままケアプラン作成や介護をすることはできません。利用者の状態を身体的・心理的・社会的側面から把握することで、ケアの方針が成立するのです。 |
| 2 | **ニーズの把握・ケアプラン（居宅サービス計画・施設サービス計画）の資料**<br>利用者の日々の状態を記録していなければ、利用者の状態の変化を把握することができないため、ケアプラン作成や見直しに関する必要なニーズの把握ができません。 |
| 3 | **ケアプラン実施の証拠**<br>ケアプランどおりのケアが実施されていることが、記録から判断できなければなりません。実施ができていなければ、原因を把握し、ケアプランの見直しを行います。 |
| 4 | **情報の共有**<br>申し送りは、重要で緊急度の高い事項に限られます。一人ひとりの状況を長期にわたり、多くの職員と情報共有するためには、記録が必要です。 |
| 5 | **ケアの一貫性・継続性**<br>例）「食欲がなく、水分も摂れなかった」ことが次の介護職員に伝えられず、次の日に食事も水分も摂れなかった場合、「2日間、食事も水分もほとんど摂れていない」という状態であることが、誰も把握できていないことになります。 |
| 6 | **ケアの点検**<br>記録は、ケアの振り返りやその後のケアの見直しの資料となります。<br>例）「便秘が続くことで、大声を出してしまうこと」が記録からわかり、ケアの方針を変更しました。 |

| 7 | リスクマネジメント |
|---|---|

(1)　利用者にとって
　　記録で、事故や苦情を未然に防ぐことができます。例えば、「飲み込みの悪い状態が続いている」という記録がなければ、普段どおりの食事で誤嚥事故を起こす危険性に気づくことができません。

(2)　介護サービス事業者にとって
　　万が一事故が発生した場合、家族や保険会社から記録の公開を求められるケースがありますが、記録の不備は事業者等への信頼を損なうことになります。保険請求や賠償請求、裁判などでは、記録が実施した内容の証明になります。

| 8 | 社会的責任 |
|---|---|

行政による実地指導や監査等では、法令に基づき適切に事業を実施しているかどうかを、主に記録により調査・指導します。

| 9 | 介護職員の教育・訓練・スーパービジョン |
|---|---|

日々の記録から援助を振り返ることができます。事例研究では、日々の観察・記録から、所定の様式や要約記録を作成し、援助の点検をします。
※スーパービジョンとは、スーパーバイザー（指導する者）がスーパーバイジー（指導を受ける者）
　に対して行う、対人援助の専門職としての資質の向上を目指すための教育方法です。

## Ⅱ　記録の種類

### 1　記録の種類

| 1 | 利用申込書 |
|---|---|

利用者やケアマネジャーからサービス提供の依頼があったときに作成します。いつ・誰から依頼があったか・誰が受理したか・利用者の情報・介護保険情報・利用者の希望するサービス内容などを記録します。

| 2 | フェイスシート |
|---|---|

利用者の氏名・生年月日・認定情報・住所等の基本的な情報と、緊急連絡先・主治医・医療情報などの緊急用の情報が必要です。常に新しい情報に更新しておきます。

| 3 | アセスメントシート |
|---|---|

利用者宅を訪問して利用者・家族から面接による聞き取りをして作成します。アセスメントシートによって聞き漏れを防ぐことができますが、項目を埋めることが目的とならないようにします。また、サービス提供に必要なことのみを聞いていきます。

| 4 | 個別援助計画（訪問介護計画・通所介護計画・福祉用具サービス計画など） |
|---|---|

ケアプランに位置づけられた各介護サービスについて、詳細なアセスメントを実施し、個別援助計画を作成します。介護保険法などの法令で、作成と利用者・家族への説明・同意・交付が義務づけられています。
※ケアプランには、「居宅サービス計画」と「施設サービス計画」があり、ケアプランを受けて
　個別援助計画が作成されます（介護予防サービスでは介護予防サービス計画（ケアプラン）
　が作成されます）。
　居宅サービス計画を受けて、訪問介護計画・通所介護計画・訪問看護計画などの個別援助計
　画が作成されます。
　施設サービス計画を受けて、介護計画・看護計画・リハビリテーション計画などの個別援助
　計画が作成されます。

※福祉用具サービス計画は、介護保険制度改正（2012（平成24）年度施行）により義務づけられました。福祉用具専門相談員は、利用者の心身の状況、希望および置かれている環境を踏まえて、目標や目標を達成するための具体的なサービス内容等を記載した福祉用具サービス計画を作成しなければなりません。

| 5 | ケアカンファレンス記録 |
|---|---|
| | ケアカンファレンスを開催する場合、参加したときは、会議録を残し、次のケアにつなげます。サービス担当者会議の記録は、ケアマネジャーから交付されることもありますが、自身でも記録しておくことで、会議の記録の確認ができます。 |
| 6 | サービス提供記録 |
| | 個別援助計画に沿ったサービスを実施したことを記録することが法令で義務づけられています。報酬算定の根拠になるもので、サービス提供記録がない場合、監査等で報酬返還等の措置を求められる場合があります。利用者・家族の確認印や訂正印をいただくことで、トラブルを防ぐことができます。 |
| 7 | 経過記録 |
| | サービス提供記録のほかに、利用者・家族・訪問介護員・ケアマネジャー等からの日々の連絡を記録し、利用者の状態の変化やサービスの提供状況を把握します。利用者ごとに個別ケースファイルなどを用意し、時系列で記録していきます。 |
| 8 | 業務日誌 |
| | 経過記録が個人別の記録であるのに対し、事業所として、その日に行った業務や行事を記録するものです。 |
| 9 | 実施評価表 |
| | 個別援助計画には、長期目標・短期目標を位置づけ、一定の期間で評価・見直しをします。評価表を別に作成しても個別援助計画に評価欄を設けても構いません。 |
| 10 | 日常介護チェック表 |
| | 施設系のサービスでは、入浴時のバイタルチェックなど、介護を提供するうえで必要な事項を、一覧となったチェック表を用いることで、業務を効率化することがあります。 |
| 11 | 連絡ノートなど |
| | サービス提供記録のほかに、家族・訪問介護事業者・訪問看護事業者・ケアマネジャー等に伝達する必要がある場合に利用者の自宅に置いて使用します。<br>例）日中独居・認知症の症状がみられる・医療依存度の高い利用者・複数のサービスを利用している利用者など |
| 12 | 事故報告書・ヒヤリハット報告書 |
| | 訴訟に発展することも視野に入れ、事実に基づき「5W2H」を意識して、詳細に記録します。推測や主観は避け、事実を記録することと再発防止策につなげることが重要になります。<br>再発防止策は、事故を起こした職員だけの反省文に終わることなく、職場全体で検討した具体的な再発防止策を記入します。事故が起きたときは、家族やケアマネジャーのほか、事故の程度により市町村に報告する義務があります。<br>事故には至らなかったヒヤリハット報告書は、事故を未然に防ぐための記録です。 |
| 13 | 苦情報告書 |
| | 「5W2H」に基づき、苦情の内容、事実関係、再発防止策を記録します。再発防止策は、苦情の対象となった職員だけの反省文に終わらせないよう、組織として検討することが必要です。 |
| 14 | 請求関係書類 |
| | 介護保険法では、請求関係書類は、サービス提供後の保存が義務付けられています。国民健康保険団体連合会請求書類等があります。 |

第5章-2
1　記録による情報の共有化

## 2　記録の記載例

○個別援助計画書（訪問介護計画書・通所介護計画書）は図表2－1・図表2－2を参照
○施設サービス計画書は図表2－3を参照

# Ⅲ　記録の書き方

## 1　記録するために必要なこと

### (1)　観察力

利用者の状態を記録するためには、まず利用者をしっかり観察する必要があります。

〈観察項目〉

| 1 | 利用者の状況（体調・ADL・IADL・精神心理の変化など） |
| 2 | 家族や介護者の状況 |
| 3 | 社会環境状況（段差の有無、掃除されていないなど） |
| 4 | 個別援助計画のサービス内容を実施できたか |
| 5 | 個別援助計画の目標を達成したか |
| 6 | 新たなニーズが発生していないか |
| 7 | 「いつもと違う」ことに気づく |

### (2)　個別援助計画の目標

ケアは、ニーズに沿った個別援助計画に基づいて目標を設定し、目標を達成することでニーズを充足して利用者の生活の質を向上させることが目的です。つまり、個別援助計画の目標を理解できなければ、観察も記録もできないのです。

> 【例】援助目標：「他の利用者と交流ができる。」
> 　　　記録　　　：「風船バレーを楽しんでいた。」という記録では不十分です。
> 　　　適切な記載例　⇒「Aさんが風船を落としそうになったときに協力していた。
> 　　　　　　　　　　　　ゲーム終了後、Aさんとしばらく会話をしていた。」

## 2　記録の手法

### (1)　5W2H

主語がわからない記録を見かけます。「5W2H」を意識して記載すると、書きやすく、読み手にもわかりやすい記録になります。ただし、順序は、4W・2H・1Wです。

〈5W2H〉

| When | いつ・いつから |
| --- | --- |
| Where | どこで |
| Who | 誰が・誰と誰が |

| What<br>(In What Circumstances) | 何を・どのような行動を<br>（どのような状況で） |
|---|---|
| How | どのように行ったか |
| How Much | どの程度・いくらで |
| Why | それをどのような理由で行ったと推察（すいさつ）するか |

### (2)　SOAP（ソープ）

　利用者の状態や業務内容のことだけを書いている記録がみられますが、「そのことをどう分析・評価してどのようなケアにつなげたのか」まで記録しなくてはなりません。

　SOAPの手法は、事実を優先し、事実と推測（すいそく）を分けて記録することができます。

〈SOAP〉

| S | Subjective | 主観的情報、自覚的情報（利用者等の訴え、訴えている人は本人か家族かを区別すること） |
|---|---|---|
| O | Objective | 客観的情報、他覚的所見（観察した結果） |
| A | Assessment | 分析・評価、感想・判断（SとOを統合して、それをどう判断したか） |
| P | Plan | 計画・実施・結果・方針（どのように対応したのか） |

> 【例】「食欲がないと言われ（S）、食事にもお茶にもほとんど手をつけなかった（O）。」だけでは、利用者の状態だけの記録です。そのことに対して、介護者がどのように判断して（A）、どのような対応をしたのか（P）が記録されていません。
> ⇒「食欲がないと言われ（S）、お茶を一口飲んだだけだった（O）。いつ頃から食欲がないのか伺ったところ、昨日から同じような状態が続いているとのことで、長男に連絡した（A・P）。昨日から風邪（かぜ）気味とのことで、長女が夕食を持って訪問することになった。」

## 3　記録の基本とポイント

| 1 | 記録の基本は"尊敬の念" |
|---|---|

記録は利用者のためのもので、利用者・家族が読むことを念頭に置きます。

(1)　平易な表現

専門用語や略語は使わないことが望ましいとされています。使用する場合は、自己流ではなく、事業所・施設で取り決めをして使いましょう。

例）「徘徊（はいかい）あり」「異食行動あり」「物盗られ妄想（もうそう）あり」では、実際に何があったのか伝わりません。

(2)　ポジティブな表現

なるべくポジティブな表現ができるよう心がけましょう。

例）「○○できない」との記載ばかりのケアプランで、「自分はできないことばかり」と嘆（なげ）いた利用者がいました。

(3)　センシティブ情報は別紙や口頭報告

「認知症」「精神疾患」などのセンシティブ情報（慎重に取り扱うべき情報）をケアプラン・個別援助計画に記載（さい）することは避けましょう。

第5章—2　1　記録による情報の共有化

| | |
|---|---|
| | (4)　支配的・命令的な表現は避ける<br>　　利用者に対する優位性を連想させる記録は、"利用者の尊厳"を損なうものです。<br>　　例）水分を与えた×　⇒水を飲んでもらった○ |
| **2** | 記録はすぐ書き、記録を溜めない<br>記録はその日のうちに完結することが鉄則です。時間が経過すると、記憶が曖昧になり、記録に時間がかかるうえ、不正確な記録になる恐れがあります。すぐに書けない場合は、メモを持ち歩きましょう。チームとして利用者を支えるために、いつ頃までに記録記載が完了していればよいかを確認しましょう。 |
| **3** | 記録の文体と"読み手"を意識<br>読まれない記録、活用されない記録では意味がありません。読み手を意識して、読みやすく、わかりやすく記録することが大切です。<br><br>　(1)　日時は24時間表記で（0：00〜23：59）<br>　(2)　記録者の名前を記録<br>　(3)　見出し・トピックを工夫して検索を容易に<br>　(4)　句読点を忘れずに<br>　(5)　記述スタイルは「である」調が基本<br>　(6)　語尾をはっきりと・過去形が基本<br>　(7)　簡潔にして要領を得た記録（箇条書き・項目列挙等）<br>　(8)　短文で記録（30字から50字、長くても70字まで）<br>　(9)　主語をはっきり（5W2H）<br>　(10)　訂正の仕方（2本線で訂正印、日付と訂正内容を追記、修正液は不可）<br>　(11)　記録用紙には空欄を作らないこと（斜線または「記録なし」と書く） |
| **4** | 正確かつ具体的・客観的な表現であること<br><br>　(1)　利用者の身体面、精神面、環境面（周囲の状況）を観察・把握して書く<br>　(2)　具体的に書く<br>　　例）排泄の自立×　⇒トイレまで転倒することなく自力で行くことができた○<br>　(3)　主観的に書かない<br>　　例）顔のむくみが気になる×　⇒顔全体にむくみがみられた○<br>　(4)　勝手に要約しない<br>　　本人・家族・職員が発した言葉については、「　　」書きでそのまま表現します。<br>　(5)　勝手に推測しない<br>　　例）痛みはない様子×　⇒本人からの痛みの訴えはなかった○<br>　(6)　判断がつかない場合は、そのまま書く<br>　　例）●●と思われる×　⇒●●であり、判断が困難であった○<br>　(7)　断定しない<br>　　抽象的な表現や主観的な表現は、一人歩きする危険性があります。事実をそのまま書くことが大切です。<br>　　例）暴力を振るう×　⇒トイレに誘導しようとしたら、行きたくないと押し返した○<br>　　「入浴拒否、機嫌が悪い、意味不明なことを話す、自分勝手な振る舞いをする、徘徊、暴言・暴力」などの記載だけでは、主観的で実際に何があったのかがわかりません。 |

| | |
|---|---|
| 5 | 事実と推測は分ける（SOAP）<br>例）介護職員は、利用者がベッド脇の床にうつ伏せで横たわっているところを見つけました。<br>　「利用者がベッド脇で転倒していた」という記録は、推測のみの記録で不適切です×<br>⇒「そばを通った面会者が、人が倒れるような物音を聞いていた。ベッド脇のいすが倒れている状況から、起き上がろうとする際に、バランスを崩して転倒したものと推測される。」という記録は、事実と推測をきちんと分けて記載されており、適切な記録といえます○ |
| 6 | 事実の背景を書く<br>「転倒した」だけで、「いつ・どこで・なぜ・どのような状況で転倒したのか」が記録されていなければ、今後の転倒を予防する対策が立てられません。 |
| 7 | 判断の根拠を示す<br>なぜそのように介助、判断したか、判断の根拠（エビデンス）を書きます。<br>例）便秘気味とのことで、繊維質（せんいしつ）の多いひじきと人参の煮物を調理する。 |
| 8 | 利用者や業務内容だけでなく、援助実践過程を書く（SOAP） |
| 9 | 具体的なエピソード、シチュエーションが効果的<br>例）　Aさんの気持ちが落ち込んでいる×　⇒庭には桜の花が咲いているのに見ようともせず、ベッドのカーテンを閉めて一日中ラジオを聞いている○ |
| 10 | ツールを上手に活用<br>人体図、ジェノグラム（＊1）、客観的尺度（＊2）など<br>例）「自宅で転倒した。左目尻（めじり）紫色。頭頂部（右側）500円玉大の腫れがあり。」<br>⇒<br>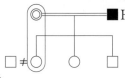<br><br>＊1　ジェノグラム（家族関係図）<br>　■H2死去　①男性は□・女性は○　②死去は■か×<br>　③本人は□・◎　④婚姻関係は（＝）、離婚は（≠）<br>　⑤兄弟は出生順に左から並べる　⑥同居は実線でくくる<br>　⑦年齢・居住地は、必要に応じて追記する<br><br>＊2　客観的尺度<br>①障害高齢者の日常生活自立度（寝たきり度）<br>　J1・J2・A1・A2・B1・B2・C1・C2（J1が一番自立度が高い）<br>　（第8章─3「1　家族の心理・かかわり支援」図表3─2を参照）<br>②認知症高齢者の日常生活自立度<br>　Ⅰ・Ⅱa・Ⅱb・Ⅲa・Ⅲb・Ⅳ・M（Ⅰが一番自立度が高い）<br>　（第7章─2「1　認知症の概念と原因疾患・病態」図表2─3を参照） |
| 11 | 事故・苦情等は別紙を作成<br>事故・苦情等は、「5W2H」で詳細に記録できる様式を用意するとよいでしょう。 |
| 12 | 無駄な記録は書かない<br>①　その記録がなくても介護や生活に支障がない。<br>②　記録を省いたほうが要点が伝わりやすい。 |
| 13 | 「特変なし」は禁句<br>「特変なし」の記録が続く人は、"気づく目"を失っているかもしれません。 |

第5章─2

1　記録による情報の共有化

## Ⅳ 記録に関わる法令

### 1　記録の義務・利用者への提供・保存期間

#### (1)　介護保険法

　　介護保険法では、人員、設備および、運営に関する基準（以下、「運営基準」という）を定めています。「運営基準」において、「サービス提供の記録」「利用者からの中出に対して文書の交付その他適切な方法により提供」を義務づけています。個別援助計画・提供したサービス内容・苦情・事故等については「完結の日から二年間保存」や「サービスを提供した日から五年間保存」など、保存年数が都道府県または市町村で違いますので、都道府県または市町村の条例の確認が必要です。なお、「完結の日から二年間」とは、2年前の記録を廃棄することではなく、利用者ではなくなってから2年間であることに注意してください。

---

〈補足〉

Ⅳ記録に関わる法令　1記録の義務・利用者への提供・保存期間について
「地域の自主性及び自立性を高めるための改革の推進を図るための関係法律の整備に関する法律（平成23年法律第37号及び平成23年法律第105号）及び「介護サービスの基盤強化のための介護保険法等の一部を改正する法律」（平成23年法律第72号）の施行により平成24年4月1日に介護保険法（平成9年法律第123号）等が改正され、これまで厚生労働省令で全国一律に規定していた「運営基準」について、その事業者・施設を指定した都道府県または市町村の条例で定めることになりました。「運営基準」に定められている記録の保存年数についても、都道府県または市町村ごとに定めるため、都道府県または市町村の条例の確認が必要です。※政令市・中核市では「市条例」で定める

---

### 2　個人情報の保護に関する法律

#### (1)　法的根拠

　　2005（平成17）年4月1日から全面施行された法律です。2023（令和5）年4月1日の法改正により、民間企業だけでなく行政機関や自治体の個人情報も個人情報保護委員会が一元的に管理することになりました。全国共通の個人情報保護とデータ流通の仕組みへ、さらに国際競争力の確保と成長戦略の実現に向けて国際的に対応できるグローバル基準に改正されました。

　　2017（平成29）年4月14日に、法の趣旨を踏まえ厚生労働省から「医療・介護関係事業者における個人情報の適切な取扱いのためのガイダンス」が別に定められましたが、法改正に伴い2023（令和5）年3月に一部改正され、自治体は個人情報保護法とは別に自治体が制定する条例で個別に定めることになりました。

　　社会福祉事業を実施する事業者は、他人が容易に知り得ないセンシティブな情報を知り得る立場にあります。その規模によらず、個人情報を適切に管理・利用することが求められています。個人情報の取扱いは、常にチェックする必要があります（第2章—1「6 個人の権利を守る制度の概要」を参照）。

## 3　情報開示

### (1)　法的根拠

　「行政機関の保有する情報の公開に関する法律」（2001（平成13）年4月1日施行）および「独立行政法人等の保有する情報の公開に関する法律」（2002（平成14）年10月1日施行）は、国民に対する政府の説明責任および国民に開かれた行政の実現を図るために、行政機関および独立行政法人等（すべての独立行政法人および政府の一部を構成するとみられる特殊法人・認可法人等）が保有する文書についての開示請求権等を定めました。

### (2)　情報開示と記録

　これらの法に基づき、事業者は情報開示の仕組みを作り、利用者等から求められた場合に、定められた手続きに従って記録等の情報を開示します。記録は公開されるものでもあるということを認識し、事実をわかりやすい表現で書くという姿勢が大切になってきます。

## 4　介護サービス情報の公表制度

### (1)　制度創設の背景

　介護保険制度改正（2006（平成18）年施行）により創設された制度です。なお、2012（平成24）年度施行の改正により、大幅に見直しがされました。

　介護保険におけるサービスの利用は、利用者と事業者との契約で、本来、契約の当事者は対等な関係でなければなりません。2000（平成12）年の介護保険制度の施行により、多様な介護サービス事業者が参入するようになり、利用者のサービス事業者の選択の幅は広がりましたが、利用者がサービス事業者を選択するための情報の基盤は少ないという指摘がありました。介護保険制度の基本理念である「利用者本位」「高齢者の自立支援」「利用者による選択（自己決定）」を実現する仕組みとして導入されたのが、「介護サービス情報の公表制度」なのです。

### (2)　介護サービス情報

　介護サービスを行う事業者・施設（介護サービス事業者）は、定められた時期に、定められた介護サービス情報を、都道府県知事または指定都市市長（2018〔平成30〕年度から）に報告します。報告された介護サービス情報は、国が管理して、各都道府県・指定都市（または指定情報公表センター）で公表します。

#### 〈報告する時期〉

| 1 | 介護サービス（介護予防サービスを含む）の提供を開始しようとするとき |
|---|---|
| 2 | その他都道府県・指定都市が必要と認めるとき（年1回程度） |

#### 〈公表情報〉

| 基本情報 | ○事業所または施設を運営する法人等に関する事項<br>　（法人等の名称、所在地、電話番号、代表者の氏名、職名など）<br>○サービスを提供する事業所等に関する事項<br>　（事業所等の名称、所在地、電話番号、管理者の氏名、職名など）<br>○サービス従事者に関する事項<br>　（職種別の従業者数、勤務形態、経験年数など）<br>○サービスの内容に関する事項<br>　（運営方針、サービス内容、提供実績、賠償すべき事故への対応など）<br>○利用料等に関する事項<br>○その他都道府県知事または指定都市市長が必要と認める事項 |
|---|---|

| 運営情報 | 1、介護サービスの内容<br>○説明、契約に当たり利用者等の権利擁護のために講じている措置<br>　（サービス開始時の説明等への同意の取得状況、利用料等に関する説明の実施状況など）<br>○利用者本位のサービスの質の確保のために講じている措置<br>　（質の確保のための取組み状況、利用者のプライバシー保護のための取組み状況など）<br>○相談、苦情等の対応のために講じている措置<br>○サービス内容の評価、改善のために講じている措置<br>　（サービス提供状況の把握、福祉用具等の調整、交換の取組み状況など）<br>○質の確保、透明性の確保のために実施している外部との連携<br>　（主治医、介護支援専門員との連絡の状況など）<br><br>2、事業所、施設の運営状況<br>○適切な事業運営の確保のために講じている措置<br>　（従事者が守るべき倫理、法令等の周知の状況など）<br>○運営管理、業務分担、情報共有等のために講じている措置<br>　（役割分担等の明確化のための取組み状況など）<br>○安全管理、衛生管理のために講じている措置<br>○情報の管理、個人情報保護等のために講じている措置<br>○サービスの質の確保のために総合的に講じている措置<br>　（従事者の教育、研修等の実施状況など） |
|---|---|
| 独自項目 | 3、都道府県知事または指定都市市長が定める追加項目（任意設定） |

## (3) 事業者指定との関係

　都道府県知事または指定都市市長は、介護サービス事業者が、報告をしなかった場合、虚偽の報告をした場合は、是正等を命じ、命令に従わないときは、指定（または許可）の取消しや、期間を定めてその効力の全部または一部の停止をすることができます。

## (4) 公表制度の目指すもの

　介護サービス情報の公表制度を活用し、利用者がよりよいサービス事業者を自ら選択することで、多様な事業者間の競争が促され、個々の介護サービス事業者はもとより、介護サービス全体の質の向上が図られることが期待されています。2014（平成26）年の介護保険法改正により、従来の介護サービスに加えて新たに地域包括支援センターと配食や見守り等の生活支援サービスについても、情報の公表制度を導入し、広く国民に情報発信に努めることとされました。

　また、人材確保の観点から従業者に関する情報も推進していくこととされています。

今後の学習のための🔑キーワード

◎情報の共有　　◎ケアの一貫性・継続性　　◎ケアの質の向上

◎利用者の生活の質の向上　　◎社会的責任　　◎事実を記録

◎援助者の働きかけと利用者の反応

◎個人情報の保護に関する法律

◎介護サービス情報の公表制度

（執筆：新井仁子）

図表2－1　訪問介護計画書（記入例）

| 氏　名 | 田中太郎様 | 生年月日 | 昭和16.3.15 | 要介護状態区分 | 要介護2 |
|---|---|---|---|---|---|
| 居宅介護支援事業所 | ○○福祉サービス | 担当介護支援専門員 | ○○○子 | | |
| 提供期間 | 令和4年4月1日～令和5年3月31日 | | | | |

**この訪問介護計画の実施期間を記入します**

| 長期目標 | ①訪問介護員の見守りがなくても、トイレまで自分で歩いて用を足せる。<br>②訪問介護員の見守りがなくても、風呂場まで自分で歩いてシャワー浴ができる。 |
|---|---|
| 短期目標 | ①訪問介護員の見守りにより、トイレまで歩行で行くことができる。<br>②訪問介護員の見守りにより、風呂場まで歩行で行くことができる。 |

**目標設定は具体的にしましょう**

| | 曜日 | 月・水・金 | 時間帯 | 10：00～11：10 |
|---|---|---|---|---|
| 援助内容 | 排泄介助 | 安全確認－声かけ－移動介助－脱衣－排泄－後始末－着衣－清潔動作介助－移動－ヘルパーの清潔動作<br>＊危険がないように見守り、できない部分のみ介助します。 | | 20分 |
| | 入浴介助 | 体調確認－声かけ－ヘルパーの身支度－安全確認－物品準備－移動介助－着脱介助－洗身洗髪介助－体を拭く－着衣－髪の乾燥－移動介助－気分の確認－水分補給－後始末－ヘルパーの清潔動作<br>（体調不調時は、清拭・部分浴を行います。）<br>＊できない部分のみ介助します。 | | 50分 |

**サービス提供の曜日・時間帯を記入します**

**所要時間を見積もります**

**活動手順がわかるようにします**

**居宅サービス計画に記載されているサービス内容はすべて盛り込みます**

| 長期目標評価 | Aスーパーの宅配を使えるようになったため、買物同行は不要となった。 |
|---|---|
| 短期目標評価 | 訪問介護員の見守りがなく、トイレと風呂場まで歩いて行くには、まだふらつきがみられるため、見守りは継続する必要がある。 |
| 特記事項 | 緊急時の家族への連絡 |

**長期目標・短期目標とも、評価には前回の訪問介護計画の目標の達成度を記載します。前回の計画には、「買物同行」がありましたが、スーパーの宅配が使えるようになりましたので、今回の計画には、訪問介護員との買物同行は不要になったことが記載されました**

| 令和4年3月25日<br>　説明を受け同意し、交付を受けました。 | お客様氏名<br>田中　太郎 | 田中㊞ |
|---|---|---|

作成日：令和4年3月23日　サービス提供責任者　鈴木　道子

**必ず同意を得て交付しなければなりません**

**作成者を記入します**

出所：「必携！サービス提供責任者のための基本テキスト」介護労働安定センター，2009　一部改変

図表2－2　通所介護計画書（記入例）

作成者氏名：　　B
作成年月日：令和4年1月26日

| 利用者<br>氏　名 | A　殿　男・女 | 生年月日 | S 9.11.1 | 住<br>所 | C市D区E町1－2－3 |
|---|---|---|---|---|---|
| | | 要介護度 | 要介護1 | | （連絡先）123－4567 |

【援助目標】

| 解決すべき課題（目標） | 長期目標 | 短期目標 |
|---|---|---|
| ①転倒の心配なく、ゆっくりとお風呂に入りたい。<br>②ご近所の知り合いを増やし、交流したい。 | ①転倒なく入浴できる。<br>②ご近所の方と交流できる。 | ①週2回入浴できる。<br>②ご近所の多いグループで活動できる。 |

| 本人および家族の希望 | お願い（サービス利用上の留意点） |
|---|---|
| 本人：引越してきて間もないので、人と交流したい。<br>家族：引越し後、家にいることが増えたので、なるべく外に出て、人と交流してほしい。 | 引越してきて3か月なので、知り合いが少ないため、多くの方と知り合えるよう、声かけをします。 |

【援助内容】

| プログラム | |
|---|---|
| | 迎え（ 有 ・ 無 ） |
| 9:00 | サービス提供開始 |
| 9:15 | 健康チェック |
| 10:00 | 入浴 |
| 11:00 | 昼食準備 |
| 12:00 | 昼食 |
| 13:00 | 昼食片付け |
| 13:30 | 休憩 |
| 14:00 | 個別機能訓練 |
| 15:30 | レクリエーション |
| 16:30 | 帰り準備 |
| 17:00 | サービス提供終了 |
| | 送り（ 有 ・ 無 ） |

【個別援助内容】

| 項目 | 内　容 | 留意事項 |
|---|---|---|
| 入浴 | ・一般浴槽を利用する。<br>・浴室までは、必ず見守りをする。<br>・着替えはご自分でやっていただく。<br>・背中は一部介助する。<br>・自宅入浴を想定し、浴槽の出入りの動作を観察する。 | ・月に1回は、看護師により巻き爪を切る。<br>・入浴後、背中にかゆみ止めを塗布する。<br>・自宅浴槽の出入り動作は、理学療法士による個別機能訓練で検討していく。 |
| 交流 | ・なるべく多くの人と交流できるよう、声かけする。<br>＜クラブ活動＞<br>月曜日：絵手紙クラブ<br>木曜日：手芸クラブ | ・ご近所のグループ座席とする。<br>・月曜日と木曜日は、違うグループとし、多くの人と交流できるようにする。<br>＜クラブ活動＞<br>・以前教えていた手芸について、講師として参加していただく。 |
| 排泄 | ・トイレの際は声をかけていただき、必ず見守りをする。 | ・下肢筋力の向上については、別途個別機能訓練により実施する。<br>（「個別機能訓練計画」参照）<br>・通所前2、3日間の便秘の有無を確認し、連絡帳に記載して、ご家族にお知らせする。 |

【週間予定表】

| 提供時間 | 報酬区分 |
|---|---|
| 9:00～17:00 | 7時間以上9時間未満 |
| 利用予定 | 月 火 水 木 金 土 日<br>■ □ □ ■ □ □ □ |

【評価】

| 評価年月日 | 令和4年1月20日 | 評価者 | B |
|---|---|---|---|

・前回目標「通所介護を週1回から慣れるようにする。」は達成したので、週2回へ増やします。
・前回目標「下肢筋力の向上」は、週1回では大きな変化がないため、週2回に増やし、継続します。

上記の通所介護計画によりサービス提供を行います。

| 説明日 | 令和4年1月26日 | 説明者 | B |
|---|---|---|---|

事業者名称：○○デイサービス

| 利用者同意署名欄 | A |
|---|---|

図表2－3　施設サービス計画書（記入例）

利用者名　A　殿

作成年月日　令和4年1月12日

作成者　B

| 生活全般の解決すべき課題（ニーズ） | 援助目標 | | | | 援助内容 | | | |
|---|---|---|---|---|---|---|---|---|
| | 長期目標 | （期間） | 短期目標 | （期間） | サービス内容 | 担当者 | 頻度 | 期間 |
| 糖尿病の悪化を防ぎ、健康に暮らしたい。 | 糖尿病のコントロールができる。 | 30.1.26～30.6.30 | 服薬管理ができる。食事管理ができる。 | 30.1.26～30.4.30 | ①インスリン注射と血糖値測定をする。②服薬管理、服薬確認をする。③身体状況の観察をする。（体重・栄養・血行状態・低血糖の早期発見）④食事摂取量、水分量の把握をする。⑤間食の制限をする。 | ①主治医、看護 ②③看護、介護 ④看護、栄養士 ⑤栄養士、介護 | ①毎日（朝・夕）②毎日食事時 ③毎日随時 ④毎日食事時 ⑤毎日間食時 | 30.1.26～30.4.30 |
| 前傾姿勢だが、転倒せずに歩行したい。 | 転倒せずに一人で歩行できる。 | 30.1.26～30.6.30 | 立ち上がりとトイレまでの移動が一人でできる。スタッフと散歩できる。 | 30.1.26～30.4.30 | ①立ち上がり・歩行を中心とした訓練をする。②トイレまでの移動を見守る。③近隣の買い物に出かける。④外出の機会を作る。 | ① ② 理学療法士 作業療法士 ③④介護、家族 | ①②毎日 ③④随時 | 30.1.26～30.4.30 |
| 自分のことは自分でやりたい。 | 食事・排泄・入浴のできる部分ができる。 | 30.1.26～30.6.30 | 食事が見守りで食べられる。トイレ内では一人でできる。入浴の身体洗いが一人でできる。 | 30.1.26～30.4.30 | ①食事の主食は、おにぎりにして、介助では見守りをする。②トイレでは、ドアの外で声かけをする。③入浴時、浴槽に入るときに一部介助し、身体は自身の身体で洗うよう声かけする。④身の回りの片付けをするよう定期的に声がけする。 | ①介護、栄養士 ②③④介護 | ①毎日食事時 ②毎日随時 ③月・木 ④日 | 30.1.26～30.4.30 |
| 生活にリズムをつけ、生活に張りを持ちたい。 | 昼と夜のメリハリがつく。 | 30.1.26～30.6.30 | クラブ活動に参加ができる。行事に参加できる。外出できる。 | 30.1.26～30.4.30 | ①絵手紙クラブへの参加の声かけをする。②行事の予定表を渡し、前日、当日にも声かけをする。③散歩の付き添いをする。 | ①②介護、作業療法士 ③介護、家族 | ①月・水・金 ②③随時 | 30.1.26～30.4.30 |

# 2　報告・連絡・相談

　　　介護の業務を円滑に行うために欠かせないものが、「報告・連絡・相談」です。お互いが事前に相談し、進捗状況や経過について連絡し、業務が完了したら報告するという流れが大切です。
ここでは、
① 　報告・連絡・相談の意義・目的
② 　報告・連絡・相談の方法
について理解してください。

## Ⅰ 　報告・連絡・相談の意義・目的

### 1　報告・連絡・相談（ホウ・レン・ソウ）

「報告・連絡・相談」が適切に機能しないと、以下のようなことが起きてきます。
○やるべき仕事が放置される・遅れる。
○仕事の進行状況が掴めない・間違った方向に進む・ミスをおかす。
○ヒト・モノ・カネなどに、無駄が発生する。
○情報を知らない人は、やる気を失う。

| ホウ | 指示・命令された業務の経過・結果や、自ら得た情報・用件を「報告」する。 |
|---|---|
| レン | 業務の進捗状況・経過や、情報・事実を、関係者全員に「連絡」する。 |
| ソウ | 判断に迷ったときに、上司・先輩に参考意見やヒント・アドバイスを受けるために「相談」する（答えをもらうのではない）。 |

### 2　報告・連絡・相談の意義・目的

| 1 | 情報の共有化<br>情報を共有しなければ、自分が休んだときに誰も対応できない事態になります。 |
|---|---|
| 2 | ケアの一貫性・継続性<br>チームケアを行うためには、報告と連絡は欠かせません。 |
| 3 | 問題の早期発見・早期解決<br>自分一人で問題を抱えず、早めに上司等に相談することで、未然に苦情や事故を防止したり、問題解決を図ることができます。 |
| 4 | ケアの質の向上<br>以上のように、報告・連絡・相談は、結果的にケアを向上させることにつながります。 |

### 3　報告・連絡・相談を行う相手

| 組織内 | タテ：所長・施設長・上司・先輩・後輩　　　　ヨコ：同僚・他の部署 |
|---|---|
| 組織外 | 利用者・家族・主治医・ケアマネジャー・介護サービス事業者・行政機関など |

## Ⅱ　報告・連絡・相談の方法

| 報告→タテの連携 | 組織内 | 業務は、上司からの指示・命令によってスタートし、完了を上司に報告して初めて完結します。報告がなければ、上司は次の業務に移ることができなくなります。ルーティン業務であっても、節々で報告することで業務が円滑に進みます。 |
|---|---|---|
| | 組織外 | ケアマネジャーは月1回程度の訪問で利用者をモニタリングするため、日々の細かな状態を把握するためには、毎週訪問する訪問介護員からの報告は重要な情報となります。ケアマネジャーと訪問介護員は対等の関係ですが、ケアプランによるサービスの依頼という関係から、報告という形をとります。 |
| | ポイント | 1．指示・命令の受け方<br>　①受ける時は、メモをとります。<br>　②不明な時は、その場で確認します。<br>　③内容を復唱します。<br><br>2．報告のタイミング<br>　「直ちに」、指示した人に「直接」、報告します。<br>　①終了した時、②情報をつかんだ時、③指示内容を変更した（したい）時<br>　④トラブルが発生した時、⑤長期の仕事を受けた時の中間報告<br><br>3．苦情・事故等のトラブル<br>　「悪い」報告ほど、早く、一報を入れておきます。<br><br>4．報告の方法<br>　①「結論」から先に、「経過」を後に報告します。<br>　②報告の前にポイントを「整理」し「手短か」に報告します。<br>　③情報の報告は、自分で選択せず、「すべて」報告します。<br>　④口頭による報告がよいか、文書による報告がよいかを判断します。<br><br>5．報告書の書き方<br>　①内容が「正確」・「簡潔」に書きます。<br>　②「事実」と「意見」を区別します。<br>　③提出期限を守ります。<br>　④「誤字・脱字」をなくします。<br>　⑤「タイトル」をつけます。 |
| 連絡→ヨコの連携 | 組織内 | 連絡は、自分の業務のためだけでなく、タテ・ヨコの業務を結びつけたり、他の人の業務を助けるためにも行います。連絡は、必要に応じて他の部署にも行います。<br>【鉄則】早く・正確に・関係者全員に・伝わるまで何回も・自分から進んで連絡 |
| | 組織外 | 訪問介護員は、利用者の体調がいつもと違うことに気づいたら、すぐにサービス提供責任者に報告します。それを受けて、サービス提供責任者は、家族やケアマネジャーに連絡を取ります。連絡は、利用者の生活を守る重要な業務の一部です。 |

| | ポイント | ①誰に、どのような時に、どのようなルートで行うのかを決めておきます。<br>②相手にとって必要性が高いと思われるものは、すみやかに連絡します。<br>③第三者を介して連絡する時は、正確に伝わるよう、伝達方法に注意します。<br>④口頭による連絡がよいか、文書による連絡がよいかを判断します。 |
|---|---|---|
| 相談 | 組織内 | 相談とは、業務のやり方がわからない時、どちらにしたほうがよいか判断がつかない時、情報が欲しい時などに、上司や先輩などに助言・指導を仰ぐことをいいます。 |
| | 組織外 | 利用者・家族が訪問介護員に相談することがあります。訪問介護員は、その場で、一人で判断してはいけません。必ずサービス提供責任者に連絡・相談し、指示を仰ぎます。 |
| | ポイント | ①相談内容を整理し、箇条書きにしておきます。<br>②誰に相談するのか、あらかじめ決めておきます。<br>③相談する目的を明確にしておきます。<br>　（情報が欲しいのか・意見が欲しいのか・決定や選択の判断を仰ぐのか）<br>④相談したいことはメモをしておき、必要に応じて定期的に相談します。<br>⑤相談したことについては、結果を報告します。<br>⑥相談をもちかける「タイミング」に留意します（上司が落ち着いて聞けるよう配慮します）。<br>⑦「できない時」「こじれる前」に、早めに相談します。 |

報告・連絡・相談したときは、必ず日時・相手・内容などを記録しておきます。

◎連携　　◎チームケア

（執筆：新井仁子）

# 3　コミュニケーションを促す環境

カンファレンスとは、的確なサービス提供を行うために介護に関わる関係者が集まり、討議する会議のことです。カンファレンスを積み重ねることが、支援困難なケースを解決に結びつけると同時に、カンファレンスの成熟にもつながります。
ここでは、
① 会議の種類と会議に臨む姿勢
② ケアカンファレンス
③ サービス担当者会議
④ 事例研究・事例報告
について理解してください。

## Ⅰ　会議の種類と会議に臨む姿勢

　会議とは、「特定の問題や課題を解決するために、それに関連する人が集まり、いろいろな意見や情報を交換し、共通の理解を図り、実行に移していくために開かれる会合」と定義できます。

### 1　会議の種類

| 1 | 情報伝達会議<br>職員会議や職種別会議などは、組織として決定されたことや全員が知っておくべきことを伝達、共有します。ケアカンファレンスのなかでも、情報共有型があります。 |
|---|---|
| 2 | 決定会議<br>社会福祉法人などでは理事会が最高決定機関ですが、日頃の業務のなかでも組織として動くためには、小さなことでも決定する会議が必要となります。 |
| 3 | 問題解決会議<br>組織運営のなかで問題が発生した時は、会議により解決策を決定し問題の解決を図ります。ケアカンファレンスのなかでも、支援が難しい利用者の支援方針を決定する問題解決型の会議があります。 |
| 4 | 発想会議<br>ブレーンストーミング*など、新しい発想を出し合う会議です。<br>　＊アメリカで開発された集団的思考の技術。参加メンバーが自由な発想で、他を批判せずに多数のアイデアを出し合うことで、一定の課題によりよい解決を得ようとする方法。 |

## 2　会議に臨む姿勢

### (1)　発言のポイント

| | |
|---|---|
| 1 | 否定的・批判的な発言ではなく、建設的な発言をする。 |
| 2 | 思いつきなどの無責任な発言ではなく、責任ある発言をする。 |
| 3 | 積極的な発言をする。 |
| 4 | 抽象的な発言ではなく、具体的な発言をする。 |
| 5 | 情報提供か自分の主張かを明確にして発言する。 |
| 6 | 結論は先に述べ、状況説明は後にする。 |
| 7 | 発言をする時は、司会者ではなく全員に話しかける。 |
| 8 | 1回の発言は1〜2分で簡潔にし、冗長にならないよう配慮する。 |
| 9 | 1回の発言で複数の内容を発言するとわかりにくくなるので配慮する。 |
| 10 | 発言の量を考え、一人で発言を独占しないように気をつける。 |
| 11 | 発言のタイミングを考える。 |
| 12 | 思いつきや主題に関連のない発言は避ける。 |
| 13 | 他人が発言している時は傾聴する。 |
| 14 | 少数意見になった時は、一つの意見として見解を述べる。 |
| 15 | 感情的な発言はしない。 |

### (2)　会議運営への協力

| | |
|---|---|
| 1 | 進行状況や時間に注意し、司会者に協力する。 |
| 2 | 発言の少ない人には発言を促す。 |
| 3 | 脱線や感情的対立が起こった時は、積極的に働きかけ、脱線や対立を収める。 |
| 4 | 準備や板書、議事録の作成などを頼まれた時には、積極的に協力する。 |

## Ⅱ　ケアカンファレンス

　カンファレンスは「会議」という意味で、ケアカンファレンスとは、医療・福祉の現場で、よりよい治療やケアのために、関係者が情報の共有や共通理解を図ったり、問題の解決を検討するためのさまざまな会議のことです。スタッフが学びや気づきを深めるために、事例検討を行うこともあります。関係者には個人情報に関する厳しい守秘義務が課せられています。

## Ⅲ　サービス担当者会議

### 1　根拠法

　サービス担当者会議もケアカンファレンスの一つですが、介護保険制度では、ケアマネジャーに対して、その運営基準においてサービス担当者会議の開催を義務づけています。

　　ケアマネジャーは、ケアプランに位置づけた介護サービス事業者を一堂に集め、利用者の状況等に関する情報を共有するとともに、ケアプランの内容について介護サービス事業者から専門的な意見を求めます。

　　介護施設においては、サービス担当者会議の開催の義務規定はありませんが、居宅サービスと同様の時期にサービス担当者会議を開催し、ケアプランの見直しを必ず行います。

## 2　サービス担当者会議の意義・目的

| 1 | 課題・援助目標の共有化<br>ケアプランの背景となっている利用者や家族の訴えや思いと、そこに対する総合的援助方針・長期目標・短期目標を共通理解します。 |
|---|---|
| 2 | 新たな視点<br>それぞれの違った専門的見地からの意見を知ることで、利用者の違った一面や違った援助の視点に気づくことができます。 |
| 3 | ケアプランの調整・評価・検討<br>ニーズを確認し、サービス内容・提供時間帯・回数が適切であるかなど、それぞれの専門的見地から意見交換をすることで、適切なケアプランとなります。 |
| 4 | チーム形成・連携<br>関係者が一堂に顔を合わせることで、相互の専門性を理解し、役割分担を知ることができます。形成されたチームは、他の利用者においても機能することができます。 |
| 5 | 利用者・家族が大勢の支援を得ていることの確認の場<br>利用者・家族が同席することで、専門職が一方的に作成したケアプランではなく、自分たちも一緒に検討した利用者主体のケアプランとなります。多くの関係者の意見交換を目の当たりにして、「これだけの人たちに支えられている」と感じる人もいます。 |

## 3　開催時期

| | | |
|---|---|---|
| 1 | 新規にケアプランを作成する時 | 1から4は、運営基準で開催が義務づけられています。※ |
| 2 | 要介護認定が更新される時 | |
| 3 | 要介護認定が区分変更される時 | |
| 4 | ケアプランが変更される時 | |
| 5 | 利用者・家族の状態や、環境に変化がみられた時 | |
| 6 | 支援に調整が必要な時（介護拒否・虐待・介護放棄など） | |
| 7 | その他、ケアマネジャーや介護サービス事業者等が必要と判断した時 | |

（※　地域主権改革一括法等の施行により、これまで厚生労働省令で全国一律に定めることとされていた老人福祉法や介護保険法上の事業所や施設の人員、設備、運営基準を、都道府県または市町村の条例で定めることになりました。）

## 4　テーマの設定

| 1 | 利用者・家族が困っていると感じていること、援助を望んでいること |
|---|---|
| 2 | 利用者の生命や健康の維持に関わるもの |
| 3 | 個々の生活ニーズのなかで、悪循環を作り出す原因となっているもの |
| 4 | 利用者の衣食住等の生活の基盤に関するもの |

## 5　参加者

| 1 | 利用者・家族 |
|---|---|
| 2 | ケアプランに位置づけられた指定居宅サービス事業者の担当者・部門の担当者 |
| 3 | 主治医など |
| 4 | 地域包括支援センター・行政機関の担当者など |
| 5 | 地域のサービス事業者・民生委員など |

## 6　参加のための準備

### (1)　情報収集

　利用者の状況を把握しているのは、利用者と頻回に接触する訪問介護員などの介護職です。日頃から報告の徹底を心がけておきます。

　会議の目的によっては、事前に情報収集しておく必要があります。

　利用者の状態に変化があった場合は、サービス担当者会議の開催を待たず、上司やケアマネジャーに報告・連絡することは、いうまでもありません。

### (2)　このような変化に注目

| 健康状態の変化 | ◇主傷病から、どのような症状がみられたら医療職に連絡するのか、事前に話し合っておく |
|---|---|
| 身体状況の変化 | ◇浮腫や体重の増減　◇水分によくむせる　◇よく転倒する |
| 生活状況の変化 | ◇同じ物を何度も購入してしまう　◇日時・曜日・収納場所を忘れる　◇外出が減った　◇服薬ができていない |
| 住環境の変化 | ◇トイレが汚れている（失禁）　◇室内の片づけができなくなった |
| 精神面での変化 | ◇気持ちが沈んでいることが多くなった　◇怒りっぽくなった　◇意欲や関心がなくなった |
| プラン変更後の変化 | ◇車いす導入により、外出の機会が増え、表情が明るくなった　◇デイサービスの回数増により、疲労を訴え、臥床時間が増えた　◇調理メニューの提案など、家事への参加が積極的になった |
| 経済面での変化 | ◇友人がたびたびお金を借りに来るが、断れないで悩んでいる |

### (3)　参加できない時

　業務の調整が難しいなどの理由により参加できない場合には、欠席理由を報告し、最近の心身状況や生活状況などを文書で報告します。

## 7　参加後の処理

　サービス担当者会議終了後は、ケアマネジャーから「サービス担当者会議の要点」が交付される場合もありますが、参加者は自分自身でも記録をとり、交付された記録に誤りがあれば、修正・加除を求めます。

　居宅サービスの場合、サービス提供責任者や生活相談員が参加することが多いので、会議で決定されたことは、忘れずに訪問介護員や他の職員へ伝達します。

## Ⅳ 事例研究・事例報告

### 1 事例研究の意義・目的

| | | |
|---|---|---|
| 1 | 事例を深める | 事例研究の過程で行われる事例報告と、情報の確認・整理・再構成による事例の共有により、多角的な幅広い視点に気づき、利用者を捉える力が高まります。 |
| 2 | 実践を追体験する | ①事例提供者の立場から事例を追体験することで、事例提供者を共感的に理解できます。その結果、事例提供者への支持的なスーパービジョンとなります。<br>②参加者が他者の実践を知ることで、実践力が高まります。 |
| 3 | ケアを向上させる | 事例提供者がこれまでの実践を振り返り評価できること、新たな見方に気づくこと、参加者から具体的な援助の方向性を示唆されることで、これからのケアの質を向上させることができます。事例研究の最終的な目標は、ケアの向上にあります。 |
| 4 | 援助の原則を導き出す | 提出事例を掘り下げることにより、そこから対人援助に共通する原理原則を導き出し、参加者の事例にも応用することができます。 |
| 5 | 実践を評価する | ①利用者の理解、②利用者の変化、③介護者の働きかけを評価することができる手法といえます。 |
| 6 | チームを育てる（連携のための援助観や援助方針を形成する） | 援助目標・援助方針を共有することができ、ここで形成されたチームは、他の利用者においても機能することができます。 |
| 7 | 介護者を育てる | 事例提供者も参加者も、自分の考えをまとめ、人の意見を傾聴し、考察を深めるという、事例研究のプロセスそのものが、新たな気づきや発見をし、視野を拡大することが期待できます。 |
| 8 | 組織を育てる | 事例研究を進めるなかで、組織的な課題や問題解決のために新しい社会資源が必要なことを発見することがあります。 |

### 2 事例研究の展開過程

| 1 | 開会 | 司会者は、定刻に開始し、参加者の紹介をします。 |
|---|---|---|
| 2 | 事例の提示 | 事例提供者は、事例の提出理由・概要・検討課題を提示します。<br>（次項の「3　事例報告のまとめ方」を参照） |
| 3 | 事例の共有化 | 参加者は、検討課題を明確化する質問をして、情報の確認・整理・再構成による事例の共有をします。 |
| 4 | 検討課題の明確化 | 情報を整理して、検討課題を明確化します。 |
| 5 | 検討課題の検討 | 検討課題に沿ったディスカッションにより、問題発生のメカニズムを分析し、今後の援助の方向性を検討します。 |
| 6 | まとめ | 検討内容を整理し、まとめをします。 |
| 7 | 閉会 | 司会者は、全体にねぎらいの言葉をかけ、定刻に終了します。 |

## 3　事例報告のまとめ方（事例報告の３つの構成要素）

| 1 | 事例研究用フェイスシート |
|---|---|
| | 事例提供者名・所属機関・事例検討日・事例タイトル・氏名（個人情報に配慮する）・性別・年齢・生年月日・住所（個人情報に配慮する）・援助の主たる理由・援助開始日・紹介経路・家族構成（ジェノグラム等）・経済状況・住宅状況・心身状況（疾病・かかりつけ医・身体障害者手帳等・ADL・IADL・コミュニケーション）・生活歴・支援体制（家族・地域・福祉サービス・ウィークリープラン等）・検討課題 |
| 2 | 経過記録 |
| | ①利用者の客観的変化、②それに対する介護者の働きかけ、③そして分析・考察・展望という３つの視点で記録します。 |
| | ①利用者の客観的変化⇒例）「訪問介護員（Aさん）はもう来なくていい」と言われた。 |
| | ②介護者の働きかけ　⇒例）理由を尋ねると、調理が得意だったが、訪問介護員が何も聞かずに味付けをするため、「訪問介護員（Aさん）のせいで食事の楽しみがなくなった」とのこと。 |
| | ③分析・考察・展望　⇒例）訪問介護員（Aさん）は一緒に調理を行わず、単なる調理の代行をしてしまうが、訪問介護員（Bさん）は上手に一緒に調理ができている。今後は、必ず利用者と一緒に調理を行うようにする。 |
| 3 | 全体の所感・論点・展望 |
| | 事例をまとめてみて、振り返り、気づいたこと、感想、事例研究で検討して欲しい点、今後の方向性など |

今後の学習のための　キーワード

◎ケアカンファレンス　　◎サービス担当者会議

◎事例研究　　◎チームケア　　◎援助の原則

◎守秘義務　　◎個人情報の取扱い

（執筆：新井仁子）

【参考文献】
① 全国社会福祉協議会　「改訂　福祉職員研修テキスト基礎編」, 2002
② 「四訂　介護支援専門員実務研修テキスト」長寿社会開発センター, 2009
③ 「五訂　介護支援専門員基本テキスト」長寿社会開発センター, 2009
④ 「改訂　居宅介護支援・介護予防支援　給付管理業務マニュアル」中央法規出版, 2009
⑤ 津田祐子「介護記録の学校」日総研, 2005
⑥ 富川雅美「第２版　よくわかる　介護記録の書き方」メヂカルフレンド社, 2009
⑦ 木下安子「介護福祉ハンドブック　介護実践記録の書き方」一橋出版, 2000
⑧ 岩間伸之「援助を深める事例研究の方法」ミネルヴァ書房, 2005
⑨ 西尾祐吾「保健・福祉におけるケース・カンファレンスの実践」中央法規出版, 1998
⑩ 野中猛・高室成幸・上原久「ケア会議の技術」中央法規出版, 2007
⑪ 前川静恵「サービス提供責任者仕事ハンドブック」中央法規出版, 2006
⑫ 「必携！サービス提供責任者のための基本テキスト」介護労働安定センター, 2009
⑬ 「ホームヘルパー２級課程テキスト」介護労働安定センター, 2011
⑭ 「おはよう21」各特集　中央法規出版
⑮ 「ケアマネジャー」各特集　中央法規出版
⑯ 久田則夫「記録が変われば職場が変わる」研修資料
⑰ 社員教育研究所　研修資料

# 理解度確認テスト（○×式）

## 第5章　介護におけるコミュニケーション技術（15問）

### 問　題

Q1 コミュニケーションをとるためには、発信者が意識的に伝える以外に方法はない。

Q2 介護の仕事では、要介護者の状態を把握したうえで、できるだけ早く利用者のコミュニケーション能力を把握する必要がある。

Q3 コミュニケーションには、文字や言葉による「言語的コミュニケーション」と、身振りや微笑みなど顔の表情などによる「非言語的コミュニケーション」がある。

Q4 認知症の高齢者との会話では、相手の残存能力を引き出すためにも、難しい言葉を使ったほうがよい。

Q5 利用者やその家族の話をよく聞くには、「傾聴」「受容」「共感」といったカウンセリングマインドを身につけることが求められる。

Q6 自己覚知とは、自ら進んで介護に関する専門的な知識や技術を学んでいく姿勢のことである。

Q7 介護職は、利用者本人を介護することが仕事であるため、介護に関する家族からの相談等に関する業務は行う必要はない。

Q8 介護職が利用者に対して自分の判断で助言・説教することは、利用者のためになる。

Q9 失語症の利用者とのコミュニケーションにおいては、言葉がなかなか出ない場合は、話題を変えることが必要である。

Q10 視覚障害者とのコミュニケーションでは、いきなり接触したり、安全確保のためでも急に手を引いたり身体に触れたりしないほうがよい。

Q11 介護の記録は、できるだけ推測して記載することが望ましい。

Q12 介護の記録は、利用者や家族が読むことを念頭に置き、支配的・命令的な表現は避ける。

Q13 介護職が行う利用者に関する上司への報告は、効率化のため、内容を取捨選択して報告する。

Q14 ケアカンファレンスとは、医療・福祉の現場で、よりよい治療やケアのために、関係者が情報の共有や共通理解を図り、問題の解決を検討する会議のことである。

Q15 介護職は、利用者に変化があった場合は、関係者が集まるケアカンファレンスの開催を待って情報を共有する。

# 解 答

A1  ×（第1節「1　コミュニケーションの意義と目的、役割」）
　コミュニケーションには、意識と無意識の2つのレベルがあり、発信者が意図しない感情や視線、動作によっても伝わります。

A2  ○（第1節「1　コミュニケーションの意義と目的、役割」）
　できるだけ早く信頼関係を築くためにも、相手の状態を把握し、効果的なコミュニケーション方法を活用することが必要です。

A3  ○（第1節「2　コミュニケーションの手段と技法」）
　認知症の高齢者など会話の困難な相手には、非言語的コミュニケーションが有効です。

A4  ×（第1節「2　コミュニケーションの手段と技法」）
　安心感や信頼性を確保するためにも、握手などの身体的な接触や笑顔が会話よりも効果的です。

A5  ○（第1節「3　利用者・家族への対応の基礎知識」）
　相手の言葉を受け入れ、共感することで、心の状態が穏やかになり、よりよい自己決定につなぐことができます。

A6  ×（第1節「3　利用者・家族への対応の基礎知識」）
　自己覚知とは、助言者（カウンセラー）が自分の価値観などを自覚すること、精神的余裕、客観性（覚めた目）のことをいいます。

A7  ×（第1節「4　利用者・家族への対応の実際」）
　利用者のためにも家族への励ましと支援は、介護者の大切な役割です。

A8  ×（第1節「4　利用者・家族への対応の実際」）
　利用者の言動等に対して、自分の価値基準による一方的な判断は慎みましょう。

A9  ×（第1節「5　利用者の状況・状態に応じた対応」）
　話題を変えたり、先走りをせず、根気よく待つことが大切です。

A10  ○（第1節「5　利用者の状況・状態に応じた対応」）
　前もって声をかけたり、常に説明をしながら行動を起こすことが必要です。

A11  ×（第2節「1　記録による情報の共有化」）
　勝手に推測したりせず、判断がつかない場合は、事実をそのまま記載します。

A12  ○（第2節「1　記録による情報の共有化」）
　設問のとおり。

A13  ×（第2節「2　報告・連絡・相談」）
　情報の報告は、事前にポイントを整理する必要がありますが、自分で選択をせず、すべて報告します。

A14　○（第2節「3　コミュニケーションを促す環境」）

　カンファレンスとは、「会議」という意味で、ケアカンファレンスは、医療・福祉の現場で、よりよい治療やケアのために関係者が情報の共有や共通の理解を得るために開催します。

A15　×（第2節「3　コミュニケーションを促す環境」）

　利用者に変化があった場合は、カンファレンスの開催を待たずに、上司やケアマネジャーに報告・連絡します。

# 索引

## 執筆者一覧 （50音順）

**新井 仁子** 第5章第2節1・2・3
社会福祉法人横浜市サービス協会ケアセンターみなまきみらい　所長

**石橋 智昭** 第4章第1節1・2・3
（公財）ダイヤ高齢社会研究財団研究部長

**小川 孔美** 第4章第3節3
埼玉県立大学保健医療福祉学部社会福祉子ども学科准教授

**君和田 豊** 第4章第1節4・5
君和田社会保険労務士事務所代表

**佐藤 富士子** 第4章第2節1・2・3・4
元大妻女子大学人間関係学部人間福祉学科教授

**鈴木 眞理子** 第5章第1節1・2・3・4・5
社会福祉法人奉優会理事

**髙木 憲司** 第4章第3節1・2
和洋女子大学生活科学系家政福祉学研究室准教授

**飛松 好子** 第4章第2節5・6・7
元国立障害者リハビリテーションセンター総長

介護職員初任者研修テキスト　第2分冊
## 制度の理解

発行日　平成30年3月初版発行
　　　　令和元年10月第2刷
　　　　令和4年3月第3刷
　　　　令和5年8月第4刷
　　　　令和6年3月改訂版発行

定　価　1,430円（本体価格1,300円＋税）

発　行　公益財団法人　介護労働安定センター
　　　　〒116-0002　東京都荒川区荒川7-50-9　センターまちや5階
　　　　TEL　03-5901-3090　　FAX　03-5901-3042
　　　　https://www.kaigo-center.or.jp

ISBN978-4-907035-57-0　C3036　￥1300E

12402